Conversas criativas e abuso sexual

CIP-BRASIL. CATALOGAÇÃO NA PUBLICAÇÃO
SINDICATO NACIONAL DOS EDITORES DE LIVROS, RJ

C783
    Conversas criativas e abuso sexual : uma proposta para o atendimento psicossocial / Marlene Magnabosco Marra. - São Paulo : Ágora, 2016.
    144 p. ; 21 cm.

    Inclui bibliografia e índice
    ISBN 978-85-7183-197-1

    1. Violência contra as mulheres. 2. Vítimas de abuso sexual. I. Marra, Marlene Magnabosco.

16-33779   CDD: 305.4
                                                                             CDU: 316.346.2-055.2

www.editoraagora.com.br

Compre em lugar de fotocopiar.
Cada real que você dá por um livro recompensa seus autores
e os convida a produzir mais sobre o tema;
incentiva seus editores a encomendar, traduzir e publicar
outras obras sobre o assunto;
e paga aos livreiros por estocar e levar até você livros
para a sua informação e o seu entretenimento.
Cada real que você dá pela fotocópia não autorizada de um livro
financia o crime
e ajuda a matar a produção intelectual de seu país.

Conversas criativas e abuso sexual

Uma proposta para o atendimento psicossocial

Marlene Magnabosco Marra

EDITORA
ÁGORA

CONVERSAS CRIATIVAS E ABUSO SEXUAL
Uma proposta para o atendimento psicossocial

Copyright © 2016 by Marlene Magnabosco Marra
Direitos desta edição reservados por Summus Editorial

Editora executiva: **Soraia Bini Cury**
Assistente editorial: **Michelle Neris**
Projeto gráfico: **Crayon Editorial**
Capa e diagramação: **Santana**
Imagem de capa: **Shutterstock**
Impressão: **Sumago Gráfica Editorial**

Editora Ágora

Departamento editorial
Rua Itapicuru, 613 – 7º andar
05006-000 – São Paulo – SP
Fone: (11) 3872-3322
Fax: (11) 3872-7476
http://www.editoraagora.com.br
e-mail: agora@editoraagora.com.br

Atendimento ao consumidor
Summus Editorial
Fone: (11) 3865-9890

Vendas por atacado
Fone: (11) 3873-8638
Fax: (11) 3872-7476
e-mail: vendas@summus.com.br

Impresso no Brasil

Dedico este livro aos meus netos – Pedro, Joaquim e Tomas– que trouxeram magia, luz e alegria à minha vida. A eles e aos netinhos que ainda vão nascer, com a esperança de que as futuras gerações tenham perspectivas mais sensíveis para suas viagens de sentido pela vida, uma dimensão mais poética em seus diálogos e relações. Que eles possam representar todas as crianças com sua felicidade, simplicidade, espontaneidade e sinceridade.

SUMÁRIO

PREFÁCIO –
UMA CONTRIBUIÇÃO PARA A INTERVENÇÃO
PSICOSSOCIAL DE CARÁTER BREVE E FOCAL 9

APRESENTAÇÃO –
RESSIGNIFICANDO O ABUSO SEXUAL 11

APRESENTAÇÃO 13

1. A CONSTRUÇÃO DE CONVERSAS CRIATIVAS
   PARA O TEMA DO ABUSO SEXUAL 21
   O lugar do abuso sexual: uma conexão
   com as histórias dominantes 21
   O construcionismo social no
   contexto do abuso sexual 36

2. A FAMÍLIA, AS SITUAÇÕES DE VIOLÊNCIA
E NOVAS ALTERNATIVAS 43
A violência contra crianças e adolescentes 43
Caminhos, desafios e possibilidades
nas conversas criativas 47

3. AS NARRATIVAS E SUAS CONSTRUÇÕES 59
O construcionismo social na entrevista
de cunho narrativo/conversação 59
A entrevista de cunho narrativo: compreendendo
a complexidade da violência sexual 66

4. SIGNIFICADO E RESSIGNIFICAÇÃO 75
Sofrimento *versus* alternativas: construção,
interpretação e compreensão 75
Conjugalidade, parentalidade e fraternidade 97

CONSIDERAÇÕES FINAIS 123

REFERÊNCIAS 129

PREFÁCIO –
UMA CONTRIBUIÇÃO PARA A INTERVENÇÃO
PSICOSSOCIAL DE CARÁTER BREVE E FOCAL

O presente livro foi baseado em uma tese de doutorado que tive o prazer e a honra de orientar, assim como ocorreu com a dissertação de mestrado da autora. Como Marlene é uma pessoa muito corajosa, escolheu um tema ainda tão temido – o do abuso sexual – e, além disso, propôs-se a oferecer subsídios aos profissionais que trabalham nessa área. Dois aspectos originais sobressaem: o da abordagem construcionista social, que enfoca a narrativa como prioridade; e o da aplicação da perspectiva narrativista em uma instituição pública que é responsável, Brasil afora, por executar a política de proteção à infância vitimizada.

Por meio da descrição de uma pesquisa-ação levada a cabo em um Centro de Referência Especializado em Assistência Social (Creas), o livro apresenta um procedimento que pode ser implantado (ou adaptado a) nesse contexto, mostrando que rapidamente pode-se estabelecer um diálogo criativo, encarnado e transformador, no qual o profissional cria uma atmosfera de reflexão que permite à família atingida pelo abuso compreender melhor tal violência.

Enfim, mesmo sendo suspeita para indicar esta obra a quem queira trabalhar com o tema nesse contexto, eu o faço. Acompanhei o processo de transformação ocorrido tanto na clientela quanto nos técnicos que executaram o projeto com Marlene. Eu mesma terminei a orientação surpresa por me dar conta da exequibilidade da proposta.

Boa leitura a todos!

Liana Fortunato Costa
Psicóloga, terapeuta conjugal e familiar
Doutora em Psicologia Clínica e docente
da Universidade de Brasília

APRESENTAÇÃO –
RESSIGNIFICANDO O ABUSO SEXUAL

Este livro apresenta uma proposta para o enfrentamento dos desafios trazidos pelas situações de abuso sexual. Evitando a retórica de um protocolo fechado sobre a prática profissional, Marlene Marra convida o leitor a compreender tais situações e aponta posturas úteis no trabalho com as famílias vitimizadas.

De forma muito sensível, ela nos aproxima das experiências das pessoas com as quais trabalhou. Depoimentos e trechos de conversa cuidadosamente selecionados nos permitem ver, ouvir, sentir, estranhar e reconhecer as múltiplas possibilidades dos relacionamentos humanos, que podem trazer sofrimento, desamparo e incompreensão – assim como criatividade, força e solidariedade para reinventar modos de conviver. Imagens estereotipadas sobre temática tão delicada ganham novos contornos, cores e nuanças que complexificam e combatem entendimentos individualistas e moralizantes do senso-comum.

Imprimindo uma marca inovadora no campo de estudos da violência sexual, a autora se utiliza do discurso construcionista social como inspiração teórica e prática. Assim, combina vários conceitos promovidos pelo giro linguístico em ciências humanas, produzindo uma prática voltada para modos de conversar que se preocupam com a colaboração, a reflexão e a narração. De forma específica, seu estudo estimula a indagação sobre as fronteiras entre investigar e intervir, fazendo do entrevistar um modo de transformar sentidos.

Além disso, permite ao leitor vislumbrar os impasses produzidos pela aproximação com o construcionismo social – impasses estes que oscilam entre o questionamento de certo essencialismo na definição do problema e sua suposta contraposição por meio de um relativismo moral. Abrem-se, assim, possibilidades para uma compreensão histórica, social e cultural da violência sexual que apostam na responsabilidade relacional como conceito orientador para o estudo e a prática de cuidado a pessoas que vivenciam o problema.

Por esses motivos, para os que pouco conhecem o tema do abuso sexual, o livro consiste em uma oportunidade de apresentação sensível e lúcida sobre o assunto. E, para aqueles já envolvidos no esforço de enfrentamento desse tipo de violência, o livro é um convite a rever percepções, conhecer outros olhares e imaginar novas ações.

Emerson Rasera
Mestre e doutor em Psicologia pela Universidade de São Paulo
Docente da Universidade Federal de Uberlândia

APRESENTAÇÃO

O pensamento pós-moderno, aqui representado pelo construcionismo social, trouxe para o atendimento psicossocial e para a terapia uma mudança nos modelos até então vigentes. O foco do atendimento está nas potencialidades de cada um dos envolvidos e não nos seus déficits; reside na corresponsabilização e no compromisso com o outro da relação – destacando que o conhecimento é um processo ativo, coconstruído, aberto e com lacunas a ser preenchidas e descobertas. A ênfase nos padrões de interação das famílias e em sua organização era baseada nas noções de sistema, estrutura e papel. Hoje, temos outros referenciais: a construção de significados, os modelos dialógicos, as narrativas, a linguagem, a conversação e os processos culturais. O construcionismo social surge, assim, como um movimento que aponta para a discussão de uma ética e de uma política relacional. É considerado uma especificidade cultural e histórica das formas de conhecimento do mundo; uma interligação entre conhecimento e ação; uma postura qualificada como criativa e geradora de uma nova compreensão e direção; a valorização de uma postura crítica e reflexiva (Gergen, 2006a). Caracteriza-se pela criação de um espaço conversacional no qual terapeuta e cliente possam construir novas narrativas e significados para suas histórias.

Neste livro, propusemo-nos a compartilhar com os leitores os resultados de uma pesquisa qualitativa amparada pelo construcionismo social e realizada no Centro de Referência Especializada de Assistência Social (Creas) – unidade socioassistencial pública que oferece serviços especializados a famílias e indivíduos que experimentam a vulnerabilidade social. Visamos, assim, fazer uma proposta de trabalho passível de ser utilizada nos Creas, mais acessível e direcionada ao atendimento psicossocial dessas famílias. Objetiva-se contribuir para que os atendimentos sejam um campo de prática, com ferramentas e instrumentos que permitam a significação e a ressignificação das experiências. Busca-se ainda constatar como a entrevista de cunho narrativo possibilita uma conversação criativa, uma investigação dialógica que destaca a narrativa como processo em construção, e de que forma a pesquisa narrativa se presta a esses contextos de impacto, além de discutir questões relacionadas à violência – mais especificamente ao abuso sexual.

Conversas criativas e abuso sexual

A pesquisa compôs a tese de doutorado defendida em 2015 na Universidade de Brasília (UnB), sob a orientação da professora doutora Liana Fortunato Costa (Marra, 2015b). Nela, identificamos as narrativas produzidas por 15 famílias com crianças e adolescentes, basicamente as que buscam o Serviço Único de Assistência Social (Suas), do Ministério do Desenvolvimento Social e Combate à Fome, e vivenciaram violações de direitos em decorrência de abuso sexual – fenômeno complexo, que percorre os contextos privados e públicos e ocorre sobretudo em uma teia de relações sociofamiliares. É considerado crime, uma das formas mais graves de violência contra crianças e adolescentes, com expressão mais frequente no contexto intrafamiliar.

A entrevista foi o instrumento básico adotado para obter as narrativas. No entanto, ao utilizá-la para trazer à tona as histórias e seus significados, percebeu-se que a entrevista acessava a família de forma superficial. Havia pouco envolvimento. As pessoas se limitavam a esperar a próxima pergunta e respondiam como se fosse a um inquérito, não entrando em contato com seus sentimentos nem com as consequências do que viveram. Assim, na próxima etapa mudou-se o instrumento de pesquisa para a entrevista de cunho narrativo – que possibilitou atender aos objetivos do estudo, bem como verificar o aspecto interventivo desse instrumento. A esse procedimento deu-se o nome de "conversação: uma pesquisa narrativa, uma investigação dialógica". Não se tratava de ter informações ou verificar apenas mais um episódio de abuso sexual, mas de abranger melhor o fenômeno, aproximando as famílias de suas narrativas e de seus significados, permitindo-lhes compreender seus discursos e buscar mudanças, construindo soluções para seus dilemas.

Para o desenvolvimento dessa proposta de conversação criativa levou-se em conta o contexto onde se atuava – o que mudou a postura do entrevistador, como veremos a seguir. O contexto abrangeu as questões apontadas pela vulnerabilidade social e econômica, especialmente no cenário brasileiro – marcado por significativa violência estrutural –, bem como aspectos sócio-históricos e culturais.

A qualificação da família para seu sofrimento quando revela as experiências de abuso sexual, por meio das conversações e do narrar das histórias de violência a membros da família e outros fora do contexto familiar, permite fortalecer suas narrativas e construir novos sentidos. Além disso, o fato de renarrar contribui para a não perpetuação de modelos hegemônicos de convivência. Assim, o grupo familiar pode transformar suas narrativas fundamentado em vivências e criar novos discursos para essas experiências.

Entende-se que o processo de mudança e transformação das narrativas, das histórias, dos significados e sentidos produzidos pela família acerca do abuso sexual é feito com base na própria experiência e vivência da família. Esse processo se dá com os recursos relacionais presentes nas interações próprias de cada grupo, provendo novos sentidos para o viver – desde que as pessoas possam qualificar suas experiências e narrar suas histórias tal como estas estão organizadas em sua mente.

As conclusões do estudo comprovaram que o processo de construção e mudança das narrativas, de seus significados e sentidos, tem grande potencial de transformação social. Aponta-se a importância da criação de espaços conversacionais inclusivos, implicados nas diferenças culturais e ideológicas, o que geraria práticas mais contextuais e criativas.

Essa construção narrativa das famílias sobre o abuso sexual vivido foi estudada na perspectiva do construcionismo social, que inclui as práticas colaborativas, as teorias narrativas e os processos reflexivos como suporte para o desenvolvimento das conversações. As práticas do construcionismo social com grupos familiares têm a perspectiva da negociação de sentido, do respeito e da legitimação da pessoa em suas narrativas. Que lugar a narrativa da família ocupa no sentido de promover a "cura" desse sofrimento?

Pensar esse tema, no cenário contemporâneo de interface com a psicologia, o direito e as políticas públicas, exige dos profissionais: posturas filosóficas; interlocuções, metodologias e diálogos interdisciplinares que contemplem o não isolamento especialista; o cuidado e a escuta daquele que se apresenta para revelar seus segredos; a disponibilidade de ajudar o outro a buscar novos sentidos e significados, minimizando seu sofrimento. Adentrar o campo das narrativas familiares requer dos profissionais refletir de forma compromissada sobre os significados socialmente construídos que ressoam na família e na comunidade.

Acredita-se que este livro poderá introduzir novos recursos para a mudança, a organização e o agenciamento da família com relação ao tema do abuso sexual e a muitos outros. Trata-se da oportunidade de falar da violência sofrida em conversações, em trocas conjuntas, sociais ou dialógicas, que potencializam o trabalho específico – possibilitando que as histórias narradas sejam mais importantes que a história factual. As verdades narrativas passam a ter mais influência que a verdade histórica. O fato de as pessoas contarem suas histórias em conjunto, com a participação de muitas vozes, acaba por organizar seu mundo experiencial.

Esta obra destina-se sobretudo aos diferentes agentes sociais que transitam nos diversos seguimentos psicossociais e socioeducacionais – mais especificamente os profissionais dos Creas – e aos leitores de modo geral, incluindo a família. Os instrumentos e ferramentas desenvolvidos e utilizados em um dos Creas do Distrito Federal poderão ser aplicados em outros Centros pelo Brasil e

Conversas criativas e abuso sexual

nos demais espaços de atendimento que tratam desse e de outros temas, incentivando as pessoas a se tornar agentes da própria história e a mudar sua realidade criando espaços conversacionais.

1. A CONSTRUÇÃO DE CONVERSAS CRIATIVAS PARA O TEMA DO ABUSO SEXUAL

O LUGAR DO ABUSO SEXUAL: UMA CONEXÃO COM AS HISTÓRIAS DOMINANTES

Os direitos humanos ora têm sido incluídos e defendidos por movimentos e entidades nacionais e internacionais, ora banalizados e incorporados ao cotidiano. Embora a violência seja um fenômeno social, produto de intercâmbio entre as pessoas, sua banalização se manifesta, por vezes, por uma ausência de indignação. As maneiras coletivas de agir e pensar resultam de uma realidade (tradição) exterior aos indivíduos, que, em cada momento, a elas se conformam. O conceito de violência apresenta dimensões fundamentalmente negativas quando nega os valores presentes na cultura e atenta contra a vida. Constitui uma ameaça de negação da existência física ou simbólica do sujeito, dos grupos e da comunidade. O contínuo incremento da violência cotidiana configura-se como aspecto representativo e problemático da atual organização da sociedade, sobretudo nos grandes centros urbanos, tornando-se visível nas diversas esferas da vida social (Mioto, 2008; Pereira-Pereira, 2008). Some-se a esses aspectos o desconhecimento por parte das pessoas que mais carecem desses direitos humanos elementares à vida.

Hoje nomeiam-se como violência fatos e ocorrências que antes passavam por práticas costumeiras de regulamentação das relações sociais, como a violência intrafamiliar contra a mulher e contra crianças, a violência simbólica contra grupos, categorias sociais ou etnias, as ofensas contra os direitos humanos etc. Quando as pessoas coordenam suas ações em uma comunidade, não raro geram uma linguagem funcionalmente integrada às suas práticas (Gergen, 1996a, 2006b). Essas contingências estão presentes nas situações de maus-tratos e abuso sexual, consideradas complexas e multifacetadas, não restritas a determinadas áreas ou sociedades. As crianças e os adolescentes sofrem com essas circunstâncias, mas à medida que passam para outras fases do seu ciclo de vida muitos se tornam aqueles que praticarão a violência: os ofensores. A violência é aprendida na interação social e na vida familiar, tornando-se um ciclo repetitivo e constante. Alguns elementos consensuais demarcam o tema, como noção de coerção ou força e dano que se produz em indivíduo ou grupo de indivíduos pertencentes a determinada classe ou categoria social, gênero ou etnia. A violência se dá quando, em uma situação de interação, um ou vários atores agem de maneira direta ou indireta, maciça ou esparsa, causando danos a uma ou mais pessoas em graus variáveis, seja em sua integridade física, sexual, moral, psicológica, material, simbólica ou cultural (Pereira-Pereira, 2008).

A violência estrutural responsável pela desigualdade no Brasil contribui com o desenvolvimento da violência interpessoal nos diferentes segmentos sociais, sobretudo nas interações familiares, influenciando o comportamento de seus membros. É nesse contexto de sobrecarga emocional que as famílias vivem as situações de abuso sexual. A violência circula entre os membros do grupo familiar, mostrando nada mais que o exercício e o direito da autoridade dos homens sobre as mulheres e sobre os filhos – crianças e adolescentes. As narrativas que se constroem nesse espaço de sofrimento e dor ficam muitas vezes silenciadas e o segredo se institui. São compreendidas como saturadas pelo problema e estão relacionadas ao contexto social, político, econômico, religioso, moral e cultural dessas famílias. Essas narrativas também se conectam à família extensa e às múltiplas gerações (Baptista *et al.*, 2008; Costa *et al.*, 2007; Maniglio, 2009; Serafim *et al.*, 2011).

Entender o significado do silêncio e do segredo nas situações de abuso sexual consiste em compreender a linguagem como um veículo de comunicação que apresenta dificuldades, pois tanto seus significantes quanto seus significados, aparentemente iguais para todos, escondem e expressam a realidade conflitiva das desigualdades, da dominação, da exploração e também da resistência e da conformidade. Os significados trazem considerações importantes acerca das relações sociais, historicamente dinâmicas, antagônicas e contraditórias entre classes, grupos e culturas, e expressam dimensões pessoais, relacionais e sociais complexas (Diniz, 2011). A construção social da família e de suas narrativas em torno da vida familiar doméstica, das situações de abuso sexual e da inter-relação entre seus membros faz que cada um deles busque seu lugar social na família e construa suas narrativas sempre em uma visão relacional, portanto imersa na linguagem. O cotidiano marcado pela violência degrada e desqualifica o relacionamento entre as pessoas.

O abuso sexual é um fenômeno determinado por diversos fatores: culturais, socioeconômicos, individuais e familiares. A relação sexual é um tipo particular de relação social, que implica limites individuais e sociais. Na situação de abuso sexual, a pessoa escolhida é tratada como objeto parcial – ou mesmo como objeto inanimado (fetichismo) – sem ter sua autonomia respeitada. Mesmo que o ato ocorra sem violência, sem marcas físicas evidentes, é considerado abuso sexual, visto que a criança e o adolescente estão em fragilidade física e emocional diante do outro (Azevedo e Guerra, 1989; Cohen e Figaro, 1996; Esber, 2009; Penso *et al.*, 2011).

O abuso sexual abarca tanto o contato físico, como manipulação de genitais e intercurso sexual, quanto situações de exibicionismo e voyeurismo, em que não há contato físico direto. Quase sempre, a criança e o adolescente vítimas de abuso sexual experimentam também negligência, abuso emocional e abuso físico. Outras definições incluem atos e jogos sexuais e relações hétero ou homossexuais, sendo o ofensor sempre mais velho que o abusado. Tais atos violam as regras de funcionamento social e legal – muitas vezes com a anuência ou a omissão de pessoas importantes na vida das crianças e dos adolescentes. As vítimas são seduzidas e envolvidas em ações que lhes parecem agradáveis, aceitando o afeto recebido do agressor. Os atos começam de maneira bem sutil, envolvem gradativamente a vítima em situações abusivas e chegam às práticas mais violentas. As atitudes variam de um simples carinho e estranhas expressões de afeto a exibição de filmes pornográficos e intercurso sexual completo, independentemente da idade da criança (Azevedo e Guerra, 1989; Costa *et al.*, 2009; Furniss, 2002; Habigzang *et al.*, 2009; Habigzang e Koller, 2012; Pedersen e Grossi, 2011; Sanderson, 2005).

Para Sanderson (2005), não são as famílias que abusam de crianças e adolescentes, mas os indivíduos. O fenômeno pode ocorrer em toda e qualquer família, não apenas naquelas consideradas pobres, vulneráveis, de risco, desestruturadas e/ou disfuncionais. Percebe-se que o abuso sexual deve ser caracterizado por situar cada caso, dificilmente se abarcando todas as suas circunstâncias, uma vez que tanto os indivíduos quanto a sexualidade são marcados pela diversidade. O sofrimento humano com relação a essas questões ainda é emudecido, banalizado e tolerado em todas as esferas sociais, dificultando uma ação mais consciente e modificadora da realidade. Também vale mencionar as muitas histórias de superação que foram vividas em silêncio, na invisibilidade social, dada a demora do atendimento pelos serviços públicos e/ou a não notificação das autoridades (Santos e Dell'Aglio, 2010).

Os achados deste e de outros estudos (Pelisoli *et al.*, 2010; Seto *et al.*, 2015; Pedersen e Grossi, 2011; Marra, 2015b) citam o abuso sexual intrafamiliar como o mais frequente. Caracterizado por ter longa duração, com intervalo médio de um ano entre o primeiro abuso e a revelação, traz consequências graves para o desenvolvimento psicossocial das vítimas. Há prevalência do abuso sexual nas configurações familiares monoparentais (apenas a mãe e a vítima), em famílias reconstituídas (mãe e padrasto) e nas configurações em que vive ao menos uma pessoa da família extensa (avós, tios ou primos). Os estudos assinalam ainda a presença da violência em ambientes privados, como a casa da própria vítima; em geral, os ofensores sexuais são adultos do sexo masculi-

Conversas criativas e abuso sexual

no, pais ou padrastos. No contexto das famílias com interações violentas estão presentes fatores como preconceito; relações de poder entre adultos e crianças, homens e mulheres, brancos e negros. Além disso, as pesquisas apontam que o abuso sexual é um fato que envolve complexidade, intersubjetividade e contexto (Esteves de Vasconcellos, 2002).

Grandes alterações ocorrem na vida das crianças, dos adolescentes e das famílias acometidas pelo abuso sexual; todos passam a viver sob extrema vulnerabilidade em função de novas demandas que passam a existir e do descaso das instituições de ordem social e legal (Habigzang *et al.*, 2005). Os autores falam também da interrupção e fragmentação na rede de proteção à criança e ao adolescente em virtude dessa banalização e postergação da aplicação de medidas de proteção. A criança é desconsiderada em todas as áreas do seu desenvolvimento, confirmando o dito popular de que ela "deve apenas ser vista e não ouvida" – nem cuidada (Costa, 2011; Costa *et al.*, 2009; Esber, 2009; Minuchin, Colapinto e Minuchin, 2000).

O abuso sexual é uma violência que precisa ser interrompida e urgentemente interditada, como aponta Faleiros (2008). Apesar da mudança de entendimento do que sejam crianças e adolescentes no século 21, considerados sujeitos de direitos depois da promulgação do Estatuto da Criança e do Adolescente (ECA) (Brasil, 1990), ainda assim a complexidade dessa questão está presente no nosso dia a dia. Uma vez que crianças e adolescentes se desenvolvem em ambiente sócio-histórico complexo, composto por diversos sistemas que os influenciam e são influenciados por eles, as narrativas das famílias apresentadas variam conforme o contexto e a situação de abuso sexual vivenciada.

Quando a família vivencia a violência sexual, passa por situações de confusão dos papéis, estresse, tensão, distanciamentos e separações. Essas mudanças resultam em desequilíbrios de diferentes dimensões – pessoais, relacionais e sociais. Todas essas contingências modificarão o curso de vidas dessas famílias. Há uma inversão na hierarquia entre pais e filhos: o pai passa a ser marido, a mulher aceita perder a função de esposa e de mãe e a filha exerce o papel de esposa e mãe de seus irmãos (Furniss, 2002; Santos, Pelisoli e Dell'Aglio, 2012; Marra, 2015b). As famílias em situação de abuso sexual apresentam relações interpessoais assimétricas e hierárquicas, vivenciadas na desigualdade e nas relações de subordinação. As crianças que vivem em ambientes desse tipo em geral fazem da violência um aprendizado e a reproduzem posteriormente na vida, contribuindo para a sua banalização nas relações familiares e interpessoais.

Quando, depois do abuso, a criança ou o adolescente se reúne com uma pessoa de sua confiança (quase sempre a mãe) para falar da situação, deixa sua marca registrada, ou seja, sinaliza a existência de problemas que envolvem todo

Conversas criativas e abuso sexual

o sistema familiar. Essa marca registrada junta-se a narrativas cristalizadas, rótulos e histórias dominantes do interlocutor, debilitando o vínculo entre ambos e reforçando os discursos culturais que o mantêm. Ao ser expresso em uma conversação, esse sinalizador ou significado constitui uma narrativa, ocorrendo assim uma construção linguística. Esse texto construído com o interlocutor expressa seus pensamentos, sentimentos e impressões acerca do abuso. Tal troca de unidades de sentido pode transformar esse encontro em algo positivo ou negativo. Por exemplo, muitas vezes a pessoa que ouve o relato da criança não acredita nela e passa a ser vista como não protetora, detentora de crenças e mitos, com comportamento hostil a qualquer menção de abuso sexual. Assim, em nada ajudarão a vítima a transformar esse discurso e buscar formas alternativas de superar o problema.

Por vezes, o interlocutor acha difícil dar outro sentido a um acontecimento que contradiz o relato dominante – reproduzido e estabelecido no meio social – e influencia a construção de sentidos, não sendo pautado, portanto, na reflexão. Responde tal e qual ao relato dominante, não se permitindo buscar uma versão alternativa. Tem, ainda, dificuldade de exercitar sua tomada de consciência para expandir e articular suas possibilidades. Não sabe por que age assim; porém, ao caminhar por territórios já vividos, mas pouco ou nada narrados e historiados, se dá conta das experiências de abusos sofridas na infância. Narrar experiências e contar histórias pode ser "curativo", pois é uma forma de revisitar o sofrimento e, a partir daí, transformar um discurso negativo em outras histórias, com edições inovadoras e chances de um novo começo (White, 2002; White e Epston, 1993).

Discursos dominantes são histórias saturadas de problemas que apresentam força contextual à medida que delimitam um território. Tais discursos criam um campo de sentido que passa a moldar a vida da pessoa, uma visão de si mesma e dos relacionamentos fechados; são experiências e referências que se encaixam nos eventos que a pessoa privilegia daquelas histórias e aí adquirem visibilidade (White, 2002; 2012). Seria uma espécie de "ímã linguístico" como citado por Grandesso (2011). Este seleciona eventos que se encaixam em algumas histórias e negligenciam outras. Os relatos dominantes impedem que outras formas e organizações de vida sejam ampliadas e restringem alguns significados em detrimento de outros, dificultando o encontro de novas compreensões de si mesmo.

A violência sexual intrafamiliar não ocorre de repente ou ao acaso: vai sendo construída em enredos, cenários e narrativas. Não se estrutura como uma relação de ação-reação, mas como uma ação conjunta, na qual um enunciado só faz sentido se a outra pessoa na interação considerá-lo (Gergen, 1996b, 2006a; Rasera e Japur, 2007). Esse processo de suplementação vai se organizando, ampliando e estabelecendo entre os membros da família, permitindo que a violência seja manifestada.

Nessa compreensão, o abuso sexual é visto como parte de um discurso dominante da família cuja denúncia vai provocar uma ruptura do equilíbrio doméstico. O significado daquilo que se fala está na interação entre as pessoas e não se apresenta nem nas estruturas do texto nem no sistema de linguagem. De acordo com o construcionismo social, "como a linguagem é um subproduto da interação, seu principal significado deriva do modo em que está imerso nos padrões de relação" (Gergen, 1996a, p. 166). As construções das famílias estão estreitamente ligadas a seus padrões sociais e a sua forma de vida. Em tais construções, denominadas jogo relacional ou jogos de linguagem, o uso cria o significado. Os sentidos estão sempre conectados aos contextos.

Os discursos dominantes foram construídos desconsiderando-se a voz da criança. Para esses códigos, as crianças mentem e os adultos dizem a verdade, ou os relatos infantis são menos válidos ou menos confiáveis que os dos adultos (White, 2002). Em virtude dessa situação, as crianças quase sempre são obrigadas a conviver com a pessoa que cometeu – e continua cometendo – o abuso. Ela aprende esse discurso muito cedo, introjeta os fatos, silencia o abuso e, quando adulta, vê essa situação se repetir com os filhos, o que corresponde a uma transmissão transgeracional da violência (Penso e Costa, 2008).

A criança que sofre abuso sexual frequentemente é obrigada a não revelar o que está vivendo. Esse processo continua por um longo tempo, configurando-se como um segredo entre ela e o adulto. Esse segredo é sempre reforçado pelas ameaças de violência ou castigos – ou, então, por ganhos secundários e privilégios que também estão baseados na violência. Muitas dessas crianças nunca tiveram a oportunidade de contar suas histórias, tornando-se infelizes e amarguradas.

As relações familiares são complexas e únicas, constituindo o primeiro sistema de interação no qual crianças e adolescentes, considerados seres em desenvolvimento, experimentam suas impressões iniciais do mundo (Habigzang e Koller, 2012; Santos e Dell'Aglio, 2009; Marra, 2015a). A família é considerada uma organização social variável que se constrói numa imensa teia de relações, com contornos e limites imprecisos e variáveis. Além disso, configura-se sócio-historicamente, criando significados e sentidos no transcurso do ciclo de vida de seus membros (Costa, 2011; Grandesso, 2008, 2011). Os modos de organização das famílias e as vivências de violência nelas presentes se fazem atuais na sociedade, variando apenas na intensidade e nas formas de expressão. Tais configurações não estão atreladas a classe social, etnia ou gênero, mas à construção social das famílias.

Diversas pesquisas (Esteves de Vasconcellos, 2002; Nichols e Schwartz, 2007; Hoffman, 1981; Minuchin e

Fishman, 1990) apontam que universalmente todas as famílias têm problemas, no sentido de que nem todos os empreendimentos ou vivências são bem-sucedidos. O estudo da família sempre foi orientado para a cura dos sintomas e a solução dos problemas. De início, entendia-se que apenas um de seus membros tinha problemas, o que levava à segregação e à sobrecarga deste. Com o desenvolvimento das pesquisas, porém, constatou-se que todos os membros da família têm uma longa e intensa história conjunta, constituindo um sistema vivo, um todo orgânico e interacional.

Portanto, quando se começou a considerar a pessoa no contexto familiar, seu comportamento pareceu menos estranho. Passou-se a entender o comportamento das pessoas no seu contexto, destacando o que Bateson (1972) apontava como sendo o contexto que determina o significado. Por fim, "o indivíduo foi percebido no interior de um sistema humano" (Gergen, 2006a, p. 11) – a família – que lhe oferece um lugar e uma identidade estritamente ligados à realidade que ele constrói. Para outros estudiosos, compreender a família como um organismo vivo vai além da epistemologia de Bateson (1972), avançando para a "ontologia da realidade" de Maturana (1997), na qual a realidade emerge com base nas distinções, naquilo que é vivido e significado por/para cada um.

A linguagem é constitutiva da existência dos seres humanos – unidades autopoieticas determinadas estruturalmente, que operam em relação ao seu meio. O domínio linguístico emerge dessa ou daquela descrição, dessa ou daquela crença ou teoria. Portanto, o intercâmbio da linguagem constrói realidades. Com base nela, geram-se conhecimentos e crenças. A pessoa transforma-se com as histórias que conta de si mesma. Nesse sentido, a família é não apenas um sistema vivo como também falante (Bateson, 1972; Esteves de Vasconcellos, 2002; Gergen, 1996a, 2006a; Maturana, 1997; Nichols e Schwartz, 2007; Marra, Omer e Costa, 2015).

Os estudos acerca das famílias abusivas têm sido especialmente relevantes para construir práticas que contribuam tanto para prevenir como para conhecer e tratar o fenômeno. As vítimas e suas famílias necessitam manifestar suas percepções, o que sabem ou não a respeito do que estão vivendo e, sobretudo, como interpretam essas vivências e narram suas histórias abusivas. Porém, os trabalhos existentes, em geral, mostram intervenções que não oportunizam as falas das vítimas, detendo-se na apresentação objetiva das informações acerca do abuso (Habigzang e Caminha, 2004; Santos, Pelisoli e Dell'Aglio, 2012). Tais informações são importantes, mas não modificam as vivências dos envolvidos nem conferem novos significados ao processo.

Apesar de todas as ambiguidades que carregam, as famílias têm o direito de ser assistidas para que possam desenvolver com tranquilidade suas tarefas de proteção

Conversas criativas e abuso sexual

e socialização das novas gerações. Isso implica construir um novo olhar sobre as famílias e novas relações com os serviços que as atendem (Mioto, 2008; Pereira-Pereira, 2008; Porto, 2010). Nos últimos tempos, vários dispositivos públicos e serviços surgiram para ajudar os grupos familiares a lidar com a violência – expressa na forma de maus-tratos, negligência, abandono, abuso e exploração. Na esfera pública, diversas políticas foram organizadas para atender às necessidades das famílias: a Constituição Cidadã (Brasil, 1988), que salienta o redimensionamento da seguridade social (saúde, assistência, previdência); a Lei Orgânica de Assistência Social (Loas) (Brasil, 1993), que foi alçada à condição de política pública; e o Estatuto da Criança e do Adolescente (ECA) (Brasil, 1990), que os reconhece como sujeitos de direito, dispõe sobre sua proteção integral e determina absoluta prioridade em relação a esse público (Mioto, 2008; Pereira-Pereira, 2008; Porto, 2010).

Assim, como ajudar crianças e adolescente em situação de risco social – e muitas vezes com direito a medidas específicas de proteção – a sair do contexto de violência? De que modo priorizar não o que a criança perdeu, mas o que poderá ganhar com uma intervenção para uma nova convivência familiar? Como estreitar os laços do convívio familiar, de vizinhança, de grupos de amizade? É preciso buscar formas de intervir nas situações de risco e violência, criando ferramentas que aproximem os agentes sociais das famílias – garantindo, assim, a continuidade da proteção.

Narrar as histórias vividas na complexidade do abuso sexual não é revitimizar a criança/adolescente ou a família. Não se trata de fazer perguntas que vão constranger aquele que fala ou de buscar detalhes dos acontecimentos.Trata-se de não interromper o relato, deixando que a criança, a mãe e os demais familiares narrem suas histórias de acordo com sua linguagem e seu fluxo de pensamento, sem uma direção específica para atender à curiosidade daquele que pergunta. Narrar uma história é atualizar-se no tempo e recobrar suas possibilidades libertadoras – é ressignificar o vivido.

O CONSTRUCIONISMO SOCIAL NO CONTEXTO DO ABUSO SEXUAL

Nas últimas décadas, surgiu um novo direcionamento para compreender como os sistemas familiares – vivos e falantes – se organizam em torno da linguagem. Trata-se de uma proposta de construção da realidade que entende a família como fruto da produção coletiva de significados. Com a diversificação dos modelos familiares, todos os membros da família estão envolvidos na construção de um compromisso social de mudança, com cultura própria, com sua marca especial de comunicação e interpretação de regras e ritos marcados por relações de classe, etnia e gênero. Assim, cada indivíduo é diferenciado por sua identidade plural, no sentido dos contextos sociais e culturais a que pertence (Carrijo e Rasera, 2010; Féres-Carneiro, 2007, 2011; Fonseca, 2005; Fruggeri, 1998; Maturana, 2001, 2009; McNamee e Gergen, 1998; Sluzki, 1997).

O grupo familiar é visto como uma prática discursiva, uma vez que o discurso produz realidades, contendo sempre uma dimensão social e histórica (Carrijo e Rasera, 2010). O foco está em transformar a linguagem performática gerada pelo discurso dominante em uma linguagem viva, contextualizada, em interação. À medida que os discursos vão se modificando no contexto social, modificam também a vida individual e familiar, permitindo às famílias reescrever suas histórias. Essa "escrita narrativa" – recontar vivências e experiências de caráter polifônico, como estruturas escritas, com um posicionamento crítico e reflexivo – promove a reconstrução por ter uma multiplicidade de vozes e privilegiar a problematização da experiência. É como se estivessem escrevendo um novo texto naquele ambiente em que estão mergulhados (Carrijo e Rasera, 2010; Gergen, 1985; Spink e Frezza, 1999).

A violência sexual contra crianças e adolescentes é marcada por formas linguísticas (nomes, expressões, palavras, ditos populares e metáforas) que narram e descrevem o mundo e as experiências das pessoas. "É por meio da linguagem como prática social que significamos e organizamos as nossas relações" (Carrijo e Rasera, 2010,

p. 127). Essa linguagem em ação tem caráter eminentemente dialógico, ou seja, é produzida no interstício entre o eu e o outro (Bakhtin, 1981, 1986). Ao narrar suas histórias, as famílias contam aquilo que selecionaram como importante para a reconstrução de sua trajetória e a expressão de seus valores. O processo conversacional propicia um deslocamento do comportamento para o significado – o que culmina na modificação de sentidos expressos e vividos por essas famílias.

O construcionismo social, doravante CS, reconhece e considera todos esses aspectos por ser uma perspectiva que inspira atitudes cocriativas e reflexivas – não com ênfase nos fracassos, mas nas novas possibilidades. Para tanto, utiliza as máximas "escutar para compreender" e "a linguagem é produtiva", postulando a construção mútua de um conhecimento significativo para os envolvidos em uma ação. Além disso, traz sentido de autoria e importância aos diálogos e aos processos, conferindo-lhes mais sentido que aos resultados.

De forma sintética, pode-se dizer que o CS é uma abordagem "guarda-chuva" paradigmática (Grandesso, 2008), pautada em princípios práticos organizados em um conjunto de contribuições teóricas (teorias narrativas, práticas colaborativas e processos reflexivos). Tais princípios baseiam-se sobretudo na psicologia social (Gergen, 2006b; Gergen e Gergen, 2010), contribuindo para a reorganização do mundo interno dos indivíduos por meio da construção de novas narrativas e do contar e recontar as histórias.

A postura construcionista social que acompanhou as mudanças paradigmáticas no século XX é qualificada como inovadora. A principal questão que atrai os teóricos (Anderson, 1990, 2010; Gergen, 1999, 2006b; Grandesso, 2002, 2008; Omer, 2011; Rasera e Japur, 2007; Shotter, 1993; White, 2002; White e Epston, 1993) é a metáfora do aprender falando a língua de quem está sendo escutado, no caso, o cliente. A ênfase está na trilogia hermenêutica contemporânea, construção social e teoria narrativa, que oferece subsídios para a organização das experiências vividas, destacando a linguística, as narrativas, a conversação, o diálogo, as histórias, os significados e a cultura.

Esse movimento – surgido em meados da década de 1970 – foi elaborado em consequência de longos debates nutridos pela teoria literária, pela antropologia simbólica e pós-moderna, pelos estudos feministas e pela análise do discurso. O CS conseguiu despojar-se de toda gama de metáforas mecanicistas, biológicas, fisiológicas e cibernéticas, libertando-se ao mesmo tempo da orientação cognitiva que tratava o mundo social como um simples produto secundário da mente do indivíduo.

O CS tem dimensão social e linguística; portanto, supõe que tudo começa com o social e com a relação, mais que com o indivíduo isolado. O diálogo tem importância fundamental nessa abordagem, sendo considerado uma forma de conversação na qual todos participam do desenvolvimento de novos significados, novas realidades e novas narrativas. Quando se coordenam as ações entre as pessoas, dá-se lugar às distinções eu/tu que se associam a expressões como "minhas experiências", "sua percepção", "suas emoções", "minha intenção", "o que eu penso". A linguagem é o subproduto de inter-relações, devendo-se a estas a percepção da individualidade (Gergen, 2006a; White e Epston, 1993).

O pressuposto principal do CS é centrar-se menos nos acontecimentos mentais individuais, utilizando para tanto metáforas alternativas que permitem aos terapeutas/agentes sociais refletir melhor sobre o processo terapêutico propriamente dito. Propõe um leque muito rico de conceitos que fogem à noção de déficit humano e se abre às práticas particularmente produtivas. Entende que o terapeuta deve ser parceiro do paciente, esforçando-se por guiá-lo para ouvir, no seu interior, outras vozes – promovendo assim novas formas de conversação que levarão o cliente às mudanças propostas. E mais: deve levá-lo a substituir a resolução de um problema pela dissolução deste, buscar alternativas e olhar para o que realizou em vez de enfocar o que não pôde realizar ou seus déficits (White e Epston, 1993). Posto como parceiro conversacional, o terapeuta é aquele que, especializado em construir contextos de diálogos e relacionamentos colaborativos, coloca-se numa atitude de curiosidade extrema para aprender com o entrevistado sobre suas circunstâncias (Anderson, 2010, 2011) – trabalho realizado e inspirado nos pensamentos, nas emoções e nas motivações da própria pessoa.

Quando as famílias no processo conversacional exploram um novo enfoque narrativo para suas vivências de violência, surgem relatos alternativos que ajudam na compreensão dessas vivências e na promoção do autorrespeito. O CS não revela uma nova verdade nem procura estabelecer novos fundamentos, mas se apresenta como um meio heurístico para enriquecer um ponto de vista, uma maneira de falar, de criar um diálogo construtivo e fecundo ao abstrair-se das metáforas mecanicistas. Tudo se resume a como se entende a gênese do sentido dado às coisas, aos fatos e aos sentimentos.

O enfoque do CS confirma a existência de múltiplas realidades, compreendendo que terapeuta e indivíduos geram o conhecimento sobre a realidade. Baseia-se nos sentidos e nos significados da ação e parte da compreensão de que todos os sujeitos são protagonistas de sua própria história, sendo, portanto, competentes, ativos e autônomos.

Para Anderson e Goolishian (1988), o importante não é produzir mudanças, mas abrir espaço para a conversação terapêutica. O diálogo abre novas narrativas e as histórias ainda não contadas podem ser mutuamente criadas. Nesse sentido, transformações na história e na própria narrativa são consequências inerentes ao diálogo. Ainda segundo esses autores, tanto a identidade pessoal quanto a social e a profissional são alicerçadas em narrativas familiares. Assim, profissionais e famílias podem juntos construir novas perspectivas, estratégias e práticas que favoreçam seu intercâmbio conversacional.

O diálogo é visto como uma metodologia de mudança. Os problemas são resolvidos quando nos propomos a pensar de outras maneiras. O fato de as pessoas narrarem suas histórias em conjunto motiva profundamente a busca de caminhos alternativos (Anderson, 2010; Gergen e Gergen, 2010; Rasera e Japur, 2005, 2006, 2007; Shotter, 1993; White, 2002, 2012).

2. A FAMÍLIA, AS SITUAÇÕES DE VIOLÊNCIA E NOVAS ALTERNATIVAS

A VIOLÊNCIA CONTRA CRIANÇAS E ADOLESCENTES

A violência contra crianças e adolescentes é condenada universalmente, mas vivida dia após dia. Prever a incidência e vislumbrar a gravidade de um fenômeno construído em segredo, não expresso pela vergonha, que destrói laços afetivos e por vezes não deixa marcas físicas é uma questão que deixa a todos vulneráveis. A sociedade de modo geral não gosta de escutar sobre esses segredos nem está preparada para enfrentá-los, embora todos os dias apareçam na mídia cenas de abuso sexual. Assim, essas questões necessitam ser sustentadas pelo arranjo relacional de forças cooperativas entre familiares e profissionais envolvidos na situação.

A vítima (criança ou adolescente) de violência sexual é profundamente impactada na saúde física, emocional e social. Nessa condição, ela tem três vezes mais risco de contrair doenças contagiosas, infecciosas e sexualmente transmissíveis – inclusive HIV – em comparação com pessoas não expostas (Unicef, 2012a). As últimas estimativas apontam que 150 milhões de meninas e 75 milhões de meninos menores de 18 anos experimentaram vivências sexuais forçadas e outras formas de violência sexual envolvendo contato físico. Mostram, ainda, que mulheres entre 18 e 24 anos relataram ter vivido violência sexual antes de completar 18 anos – cerca de 40% na Suazilândia e 3,27% na Tanzânia. Um a cada nove homens na Tanzânia experimentou o mesmo.

Um estudo multipaíses (Unicef, 2012b), denominado *Together for girls: sexual violence fact sheet*, revela que a prevalência de sexo forçado, como primeira experiência sexual das adolescentes menores de 15 anos, varia entre 11% e 48%. Em pesquisa realizada em seis cidades da América Latina, entre 3% e 10% dos homens com idade entre 19 e 30 anos relataram ter sido vítimas de abuso sexual na infância, abuso esse ocorrido entre 4 e 9 anos de idade.

No Brasil a situação não é diferente. O Disque Denúncia Nacional (Disque 100), órgão composto por Polícia Federal, Secretaria dos Direitos Humanos da Presidência da República (SDH/PR) e Organização Internacional do Trabalho (OIT), considera crianças todos aqueles com idade até 12 anos, e adolescentes aqueles de 12 a 18 anos

Conversas criativas e abuso sexual

incompletos. Esse universo corresponde a cerca de 30% da população brasileira, em torno de 60 milhões de pessoas, dos quais 45,9% residem em domicílios com renda *per capita* de até meio salário mínimo. De maio de 2003 a março de 2011, o órgão registrou 156 mil denúncias, 32% das quais de violência sexual contra crianças e adolescentes (SDH/PR, 2012).

O mapeamento da exploração sexual de crianças e adolescentes nas rodovias federais (SDH/PR, 2012) tornou-se referência no delineamento de ações para enfrentar esse tipo de crime. O estudo inovou ao estabelecer critérios científicos para a coleta dos dados, contribuindo com os esforços do governo federal para minimizar os efeitos devastadores desse ilícito. O quarto mapeamento, realizado em 2009, identificou um total de 1.820 pontos vulneráveis nas rodovias federais. Já em 2012, foram registrados 1.776 pontos vulneráveis. Avalia-se que esse número não reflete uma redução real de tais pontos devido à margem de erro de 5% sobre o total de locais mapeados. O mesmo relatório apresenta uma análise de risco das regiões brasileiras. Entre 2011 e 2012, a ordem das regiões mais perigosas era a seguinte: Centro-Oeste, Nordeste, Sudeste, Norte e Sul.

O Distrito Federal está incluído na região de mais alto risco com relação à violência. O relatório "Retrato da Infância e da Adolescência do Distrito Federal" (Companhia de Planejamento do Distrito Federal, 2012) reuniu indicadores de violência associados à infância e à adolescência, descrevendo a realidade do DF. Os dados mostraram que em 2010 o número de óbitos por agressão era maior nas faixas etárias de 10 a 14 anos (17 óbitos) e de 15 a 19 anos de idade (171 óbitos), sendo quase inexistente nas faixas etárias mais baixas. O percentual de crianças e jovens até 17 anos em situação de extrema pobreza era de 2,6%, sendo 5.467 (2,9%) de crianças até 4 anos, 12.931 (3,1%) entre 5 e 14 anos e 2.919 (1,3%) entre 15 e 17 anos. Crianças e adolescentes representavam 45,8% da população extremamente pobre.

Outro fator que se agrega a essa situação são os limites para o exercício da cidadania por parte de amplos setores da população brasileira – o que se manifesta na dificuldade de acesso ao mercado formal de trabalho, à escola, à creche, à alfabetização, aos serviços de saúde e aos produtos culturais valorizados socialmente. Essa população, encaminhada pelo Sistema de Garantia de Direitos da Criança e do Adolescente para a rede de proteção social, constitui o objeto deste livro.

O cotidiano dos grupos em contexto de pobreza e vulnerabilidade é repleto de privações materiais. A população que não teve acesso à escola, à norma culta da língua e aos trabalhos qualificados padece de poucas oportunidades no mercado de trabalho, vivenciando, em consequência, precárias condições materiais (Saffioti, 1997).

Ora, não basta apenas apresentar dados comparativos entre países e regiões para evidenciar onde há mais ou menos violência; é preciso demonstrar que a violência é um problema global que merece atenção das políticas públicas. Estas devem ser enfáticas na proteção da criança e do adolescente, impactar o ambiente em que vivem e possibilitar melhores condições de vida e maior assistência.

Hoje, há uma verdadeira proliferação de programas para lidar com o sofrimento apresentado pelas pessoas que buscam os serviços de ajuda coletiva. Entretanto, tais programas quase sempre estão fragmentados por um olhar que exclui o contexto das famílias e comunidades em que está inserido o sujeito.

CAMINHOS, DESAFIOS E POSSIBILIDADES NAS CONVERSAS CRIATIVAS

Mesmo estando em circunstâncias de pobreza material, baixa escolaridade e violação de direitos, os indivíduos e a comunidade têm recursos relacionais e tecem suas histórias com base em significados e sentidos encontrados nas conversações com seus pares. O processo conversacional ou o renarrar e descrever os acontecimentos que nos afetam permite a conexão com uma história que é de cada um, mas também vivida no contexto social.

No processo histórico do país, no que se refere a crianças e adolescentes, vive-se uma transição paradigmática, ou seja, a transição de uma doutrina da situação irregular (1927-1979) para o paradigma da proteção integral. Naquele momento sócio-histórico, ser pobre, estar em situação de abandono, de trauma ou de violência significava viver em patologia social. Com a Declaração Universal dos Direitos da Criança (ONU, 1959) e a Constituição da República Federativa do Brasil (1988), nasceu a doutrina de proteção integral no país, em contraposição ao paradigma da situação irregular. Crianças e adolescentes passaram a ser considerados sujeitos de direito e cidadãos em condição peculiar de desenvolvimento com a promulgação do Estatuto da Criança e do Adolescente (Brasil, 1990) e com a consolidação, em 2006, do Sistema Nacional de Atendimento Socioeducativo (Sinase) e do Conselho Nacional dos Direitos da Criança e do Adolescente (Conanda).

Como ferramenta para organizar as políticas públicas de atendimento à população, criou-se um sistema de assistência social participativo e descentralizado, denominado Serviço Único de Assistência Social (Suas) (Brasil, 2005). Como modelo de gestão, o Suas visa promover o acesso ao atendimento, bem como ampliar sua cobertura. As demandas e necessidades sociais de responsabilidade da assistência social são direcionadas aos serviços em seus equipamentos públicos: os Centros de Referência de Assistência Social (Cras) e os Centros de Referência Especializados de Assistência Social (Creas).

O Creas de Sobradinho (DF), que atende a população de Itapoã, Sobradinho I e II, Fercal e Paranoá, foi a entidade pesquisada neste livro. Trata-se de um Serviço de Proteção Social de Média Complexidade, que tem por objetivos (Brasil, 2009):

1. Contribuir para o fortalecimento da família no desempenho de sua função protetiva.
2. Processar a inclusão das famílias no sistema de proteção social e nos serviços públicos, conforme a necessidade.
3. Contribuir para restaurar e preservar a integridade e as condições de autonomia dos usuários.
4. Colaborar para romper com padrões violadores de direito no interior da família.
5. Contribuir para a reparação de danos e da incidência de violação de direitos.
6. Prevenir a reincidência de violação de direitos.

O Creas oferece os seguintes serviços ao público: apoio, orientação e acompanhamento a famílias com um ou mais membros em situação de ameaça ou violação de seus direitos; orientações direcionadas para a promoção de direitos; preservação e fortalecimento de vínculos familiares comunitários e sociais; e fortalecimento da função protetiva das famílias diante do conjunto de condições que as submetem a situações de risco pessoal e social. O atendimento prestado se fundamenta no respeito à heterogeneidade, às potencialidades, aos valores, às crenças e à identidade das famílias. O serviço articula--se com as atividades prestadas às famílias nos demais serviços socioassistenciais e com os demais órgãos do Sistema de Garantia de Direitos.

A proteção socioassistencial prestada por esses equipamentos deve estar organizada nos territórios mais vulneráveis, onde estão localizadas as situações de exclusão, maus-tratos, abandono e negligência, a fim de aproximar a proteção da assistência social daqueles que dela necessitam.

A matricialidade sociofamiliar é o eixo fundante das ações de proteção desenvolvidas no âmbito do Suas, pois a família, uma vez apoiada e protegida, constitui-se em importante referência para a instituição de vínculos e de participação social. As ações de proteção às famílias são significativas para a redução da reincidência dos agravos que provocam a vitimização, a agressão e a violação, promovendo o empoderamento de seus membros.

A equipe que realiza o trabalho do Creas é formada por psicólogos, assistentes sociais, operadores do direito, pedagogos e demais funcionários que compõem o quadro administrativo, como auxiliares e agentes sociais. Esses profissionais acompanharam as entrevistas de cunho narrativo feitas pela pesquisadora, garantindo o acesso à família. Em cada entrevista esteve presente um dos técnicos responsáveis pelo processo daquela família. Todas aquelas aqui descritas apresentaram situação de abuso sexual e chegaram à instituição pelo encaminhamento do sistema judicial ou pela rede de assistência social – ou, ainda, pelo encaminhamento para inserção em um programa de atendimento solicitado por técnicos. Algumas famílias já faziam parte de outros programas, como repasse de auxílio financeiro, Bolsa Família, auxílio moradia e outros.

A rotina para o atendimento psicossocial no Creas consiste em:

1. Recebimento dos casos enviados pela rede de assistência social. O diretor do Creas distribui os casos aos técnicos.

2. Solicitação da presença da família no Centro pelos técnicos. Quando o técnico não consegue falar com a família, faz uma visita domiciliar para encontrá-la e sensibilizá-la quanto ao atendimento.

3. Entrevista de acolhimento, na qual a família relata sua situação de violência. Tal entrevista poderá ser desdobrada em mais de um contato.

4. Encaminhamento das famílias para o Grupo Multifamiliar (GM), atendimento especializado em situações de abuso sexual.

A clientela típica dos Creas é composta por famílias que buscam o Sistema de Garantia de Direitos da Criança e do Adolescente. Estudo de Pinho (2012), realizado em outra unidade do Creas da região, identifica nessas famílias: baixa renda familiar, por vezes com extrema pobreza material; exclusão social e desigualdade de oportunidades; situações de gravidez e vivências de relações sexuais fora de uma união formal; baixa escolaridade dos adultos; dificuldades de acesso a serviços de saúde e educacionais; e atraso significativo no percurso escolar de crianças e adolescentes. Outro aspecto é um grande número de famílias chefiadas por mulheres, que assumem dupla jornada de trabalho.

Os participantes do estudo, que ora é apresentado e originou este livro, foram 15 famílias em situação de extrema pobreza material, cujos adultos têm baixo índice de escolaridade (ensino fundamental incompleto), sendo 15% deles analfabetos. A vítima (criança ou adolescente) geralmente reside apenas com a genitora e outras crianças na casa. A idade dos membros da família vai de 6 meses a 59 anos. A renda média é de meio salário mínimo por família e 75% delas são beneficiárias de programas do governo federal (Bolsa Família e outros).

Para compreender as famílias acolhidas e atendidas pelas políticas públicas de assistência social, é preciso levar em conta suas precárias condições materiais, sua complexidade, sua diversidade relacional e, também, sua constante busca de melhor qualidade de vida e bem-estar, bem como sua capacidade de enfrentar as adversidades. Essas dimensões possibilitam superar situações de risco, ultrapassando o determinismo social que ressal-

Conversas criativas e abuso sexual

ta e supervaloriza deficiências e prejuízos e está pouco atento às estratégias utilizadas pelas famílias para superar problemas enfrentados já há bastante tempo. Muitas vezes, passaram pela revelação da violência sexual sem o apoio dos profissionais e tiveram de buscar, em sua dinâmica relacional, elementos que ajudassem a compreender a experiência.

Adotou-se como critério de organização da demanda a ser atendida a diversidade de famílias que se apresenta, uma vez que o encaminhamento se faz por várias instâncias da justiça e da assistência social e o atendimento acontece em diferentes tempos na instituição, dependendo da demanda e da disponibilidade da equipe. O acesso aos sujeitos ocorreu por meio de entrevistas de acolhimento, que tiveram como objetivos: o estabelecimento de um vínculo entre família e instituição; a orientação sobre o programa específico a situações de abuso sexual; e o esclarecimento do motivo do encaminhamento e do atendimento especializado que a instituição oferece às famílias vítimas de abuso sexual.

Toda a família foi convocada para participar da entrevista-narrativa, o que não significou o comparecimento de todos. Em geral, apresentaram-se a mãe, a vítima e mais alguns membros, sobretudo as crianças menores, uma vez que a progenitora não tinha com quem deixá-las. Embora nem toda a família estivesse presente, considerou-se aqueles que comparecem à entrevista o grupo familiar. O que se passa nas interações entre essas pessoas é representado pelo que a mãe traz à entrevista, atendendo ao que Minuchin *et al.* (2000) falam sobre a acomodação da interação familiar. A ausência de outros membros da família também reflete a dinâmica interacional desta. Cada indivíduo relata os acontecimentos a seu modo. A família vai-se dando conta de que os relatos de um nem sempre são os mesmos dos outros.

Em cada encontro a pesquisadora contextualizou o momento da entrevista, apresentou-se e à sua equipe, pediu permissão para gravação de áudio – seguida de assinatura do Termo de Consentimento Livre e Esclarecido e demais documentos – e deu início à entrevista de cunho narrativo. Esta permite ao pesquisador abordar o mundo empírico do entrevistado de modo abrangente (Bruner, 1991; Chase, 2011). Para Flick (2009), o método parte do princípio de que os entrevistados têm uma "teoria subjetiva", isto é, um conhecimento complexo acerca do tema em estudo. A entrevista-narrativa é um método de pesquisa qualitativo com pressupostos de validade e fidedignidade baseado em diferentes concepções – portanto, um instrumento de geração de dados.

O esquema da narração substitui o de pergunta-resposta. O pressuposto subjacente é que a perspectiva do entrevistado se revele naquilo que expressa, usando linguagem própria e espontânea. Portanto, a entrevista-narrativa segue um esquema autogerador. As entrevistas ocorreram na sede do Creas da região administrativa de Sobradinho (DF) e foram realizadas antes da inserção das famílias em atendimentos de grupo oferecidos pela unidade. Cada encontro durou cerca de 1h30min e utilizou perguntas abertas para que a família pudesse narrar suas histórias de violência. Muitas vezes não era necessário apresentar todos os itens do roteiro: um único tópico bastava para que a família mostrasse disponibilidade de contar suas vivências. O roteiro norteador consistiu nos seguintes itens:

1. Gostaria que vocês se apresentassem. Quem são vocês e de onde vêm? É a primeira vez que estão aqui? Já estiveram em atendimento antes?

2. Vocês têm alguma ideia do que vamos conversar hoje?

3. Que história vocês vão nos contar sobre quando descobriram a violência na família, o abuso sexual? O que aconteceu com a família quando se descobriu a violência?

4. Como estavam vivendo naquele momento? Como conviveram com essa violência, uma vez que já sabiam do que tinha acontecido?

5. Agora que vão receber atendimento aqui no Creas, como está a família? Como vocês se sentem sabendo que serão atendidos por profissionais para tratar da questão do abuso sexual? O que esperam ou imaginam que mude na vida de vocês?

6. Vocês gostariam de me contar mais alguma coisa?

Esse roteiro foi apresentado a todos os membros da família presentes na entrevista, inclusive à vítima. Buscou-se levantar narrativas a respeito de intervalos de tempo, no período entre a revelação e o momento do atendimento. As entrevistas foram conduzidas pela pesquisadora, gravadas em áudio e transcritas na íntegra para análise dos dados.

Utilizou-se ainda a leitura de prontuários (análise documental) dessas famílias para complementar informações sobre a vítima e sobre a configuração familiar e o abuso sexual. Os prontuários registram todos os dados das visitas domiciliares, da entrevista de acolhimento e dos demais acompanhamentos e serviços realizados pela equipe do Creas às famílias. Segundo Flick (2009), os documentos devem ser utilizados de forma contextualizada, isto é, o pesquisador deve se ater a quem produziu o documento, com que objetivo e para quem[1].

Para analisar os dados da pesquisa, optou-se pela análise hermenêutica dialética, proposta por Habermas no seu diálogo com Gadamer (1999). Esta dá ao pesquisador um quadro referencial mais amplo para a análise do material qualitativo e sua operacionalização. Segundo Minayo (2010), depois que o material é recolhido em

---

1. Cabe ressaltar que foram executados todos os procedimentos éticos necessários à validação da pesquisa, como recolhimento de autorização dos entrevistados, permissão para gravação de imagem e som etc. Esses documentos podem ser consultados em Marra, 2015b.

campo (entrevistas e análise documental), adquire três finalidades: heurística, administração de provas e ampliação de contextos culturais. A interpretação exige a elaboração de categorias analíticas capazes de desvendar as relações abstratas e mediadoras à parte contextual, e de categorias empíricas e operacionais que expressem relações e representações próprias desse grupo. Nesse momento o pesquisador reúne os dados colhidos e os fundamentos teóricos que fazem parte da elaboração dos conceitos, buscando uma nova aproximação do objeto. O pensamento antigo que é negado evolui para novas leituras do presente, passando por quatro etapas: ordenação dos dados, classificação dos dados, leitura transversal e análise final (Minayo, 2010).

3. AS NARRATIVAS E SUAS CONSTRUÇÕES

O CONSTRUCIONISMO SOCIAL NA ENTREVISTA
DE CUNHO NARRATIVO/CONVERSAÇÃO

O objetivo da conversação (pesquisa-narrativa/investigação dialógica) é ajudar o indivíduo a resolver problemas por meio de uma nova maneira de contar sua história de vida. Os pesquisadores, terapeutas e agentes sociais que a utilizam estão interessados na narrativa como experiência vivida e nas ações sociais. Eles querem saber como as pessoas narram suas histórias e qual é o conteúdo da narração. Narrativas são as "histórias que servem de recursos comunitários e que as pessoas utilizam em seus relacionamentos" (Gergen, 1996a, p. 189). É essencial compreender o que os narradores estão tentando comunicar. A narrativa é, portanto, a prática de uma construção significativa do *self*, da identidade e da realidade (Chase, 2011).

Goolishian e Anderson (1993, 1996) consideram que a pessoa constitui-se na/pela linguagem ponderando a importância do self narrador. O *self* surge, nesta perspectiva do universo intersubjetivo, por meio de histórias narradas pelos outros e por nós mesmos a nosso respeito. A linguagem e a escrita são ferramentas que a compreensão humana utiliza para chegar às significações das situações e transmiti-las aos outros. O diálogo, ou conversação, é produzido para compreender o que o outro está significando, o que o outro está querendo informar. Quando se tem um diálogo, a pessoa traz à tona uma situação da inteligibilidade à compreensão. Inteligibilidade é o processo de tornar compreensível o que se está falando ou significando por meio da linguagem. Portanto, o processo é mediador e portador da mensagem que se quer que o outro compreenda (Gergen e Gergen, 2010; Rasera e Japur, 2007).

As diversas possibilidades de construção do real e de seus significados, as histórias, as experiências anteriores e as várias interações em seus diferentes contextos são consideradas. Portanto, as narrativas têm papel importante no que tange à formulação de julgamentos e concepções que modelam a vida das pessoas.

Vários autores, entre eles Bakhtin (1986) e Habermas (1982, 1987), apontam a fala e a palavra como o modo mais puro e privilegiado de comunicação humana e relação social. A fala é tratada como um fenômeno ideológi-

Conversas criativas e abuso sexual

co, por seu caráter histórico e pela condição de expressão das relações e dos conflitos. A palavra é um meio pelo qual se constrói e se cria o conhecimento sobre nós mesmos, sobre o outro e sobre as situações sociais. É uma ferramenta que nos possibilita compreender o significado da interação entre interlocutores (Grandesso, 2008).

Como movimento e epistemologia, o CS é capaz de repensar a complexidade das tramas e dos mitos geracionais das famílias contidos em suas narrativas. Assim, abrem-se perspectivas de produção de novos sentidos do vivido. Estabelecem-se ligações entre situações já conhecidas, continua-se convivendo com fatos antigos, mas de maneiras diferentes (Shotter, 1993). Essa abordagem dirige-se não para o que causa os problemas, mas para seus efeitos crescentes dentro da família.

O mundo das narrativas é acessado quando se conectam as ações aos seus significados e aos seus sentidos. Quando as pessoas contam suas vivências de abuso sexual em forma de pergunta e resposta, perdem a chance de narrar suas histórias e acabam prendendo-se a formulações de causa e efeito, não produzindo sentido e não ingressando no território das narrativas. Já estas, com suas pausas, permitem que os indivíduos percebam-se como agentes ativos da própria vida, conectando os processos de atribuição de significados às suas experiências. Quando isso não ocorre, a pessoa permanece paralisada, com uma visão unitária da situação, e não aprende a multiplicidade de interpretações a que White (2002) chama de condição de vida. Sobre esse termo, o autor afirma: não é a ordem nem o equilíbrio o ponto a ser vivido, mas a contradição.

Os relatos são constituídos por acontecimentos que estão conectados a sequências particulares, no curso do tempo, em uma perspectiva processual. A dimensão temporal está implicada e incorporada no conceito de narrativa. Bateson (1972, como citado em White, 2002, p. 78) aponta que é a "dimensão temporal que marca a diferença entre os eventos". A percepção dessa diferença é o que desencadeia as novas respostas nos sistemas vivos. Situar os eventos no tempo é essencial para a percepção e a compreensão das mudanças, que só assim serão visíveis. Bruner (1996) coloca que a estrutura da narrativa destaca a ordem e a sequência em um sentido formal, sendo adequada para as mudanças no ciclo de vida e para qualquer outro processo de desenvolvimento. As narrativas descrevem as pessoas transitando por suas vidas, não contribuindo para a ilusão da atemporalidade que coloca em relevo a estabilidade e o equilíbrio. A narrativa lança a pessoa no sentido de ver as mudanças da vida e sua transitoriedade nas diversas contingências, incertezas e irregularidades da vida. Kamsler (2006) e White e Epston (1993) destacam a índole constitutiva de todas as interações e afirmam que nenhuma pessoa tem *status* de espectador inocente.

Conversas criativas e abuso sexual

As histórias podem ser tanto negativas quanto positivas. Algumas promovem o bem-estar e a competência, enquanto outras servem para constranger, desqualificar ou patologizar de uma maneira ou outra a nós mesmos, aos demais ou a nossas relações. O relato que prevalece na hora de atribuir significado aos fatos da vida determinará, em grande medida, a natureza de nossas vivências e ações.

Contar histórias é sempre um rearranjo do vivido, a configuração de uma nova forma de estar no mundo. De tal sorte que nunca se conta uma mesma história, mas se a reinventa com base em novos contextos e situações, em novos percursos vividos. Contar histórias ou reescrever relatos de vida favorece uma espécie de reautoria da própria autobiografia. Porém, deve-se lembrar de que as narrativas de vida nunca serão uma verdade absoluta e determinista, mas sempre uma versão possível (Grandesso, 2008).

O modo narrativo não produz certezas, mas perspectivas de mudança, construções e expressões subjetivas da experiência (Bruner, 1996). As competências relacionais exercitadas em uma conversação permitem à pessoa utilizar seus recursos internos, isto é, sua capacidade de refletir sobre o vivido, no intento de dissolver os nós relacionais presentes na interação. Cria-se um contexto para o reconhecimento e a legitimação das experiências daqueles que vivem os problemas. A cada nova versão daquilo que é narrado, reescreve-se a vida, como em um movimento espiral. Na entrevista de cunho narrativo a pessoa volta-se para determinado ponto ainda obscurecido que precisa se amplificar para ser reconhecido. Assim, apropria-se de novos modos construtivos de ver os problemas (Gergen, 2006b; Grandesso, 2008).

O CS apresenta-se como uma referência, um movimento ou uma proposta filosófica para articular e validar os recursos conversacionais, e utiliza-se da entrevista-narrativa/investigação dialógica para estimular conversas criativas. O texto e o relato objetivam, portanto, compreender como esses recursos conversacionais – narrativas, sentidos e significados – convertem-se em uma proposta metodológica para produção de sentidos com a perspectiva de organização do mundo interno do entrevistado (Gergen, 2010).

White (1993), ao analisar os ensinamentos de Bateson (1972), aponta que todo conhecimento pode ser compreendido como um ato de interpretação, uma vez que não se pode conhecer a realidade objetiva. White (1993) concentrou sua atenção na maneira como as pessoas organizam a vida em torno dos significados que conferem às suas experiências. Esses significados forjam sua maneira de ser no mundo e seu modo de sentir, perceber, pensar e agir. Todos esses aspectos estão presentes no contexto de uma entrevista de cunho narrativo, que permite à pessoa desemaranhar os significados que dá a cada relato na conversação – que se torna criativa, dado seu formato livre e espontâneo. A entrevista, portanto, se converte em um espaço de conversação, influenciando o relato livre do problema vivido pela pessoa e a visão que tem de si, de seus relacionamentos e de sua perspectiva de futuro.

Cada história de vida está sujeita a novas versões; tem lacunas, prontas a ser transformadas em novos relatos de acordo com os sentidos atribuídos pela pessoa no momento em que conta sua história (White, 2012). Assim, as histórias alternativas vão substituindo as dominantes, saturadas de problemas, em uma ação colaborativa entre aqueles que participam da conversação, possibilitando um ajustamento das estruturas básicas da trama ou do relato em desenvolvimento (Grandesso, 2008).

Ante novas possibilidades de relato, a pessoa descobre contradições, ocorrências e equívocos que ganham nova dimensão. Ao tornar públicas, a uma comunidade partilhada, as narrativas dos fatos vividos, muda-se o sentido do mundo no qual se habita. Legitimam-se o indivíduo e suas histórias.

A entrevista de cunho narrativo instrumentalizada pela abordagem do CS procura significados escondidos, espaços e tempos não ditos, lacunas e contradições nas histórias narradas. A entrevista torna-se um lugar de escuta para além do que é dito: dirige-se também àquilo que está ausente na fala, mas implícito no texto. A escuta, assim, está a serviço da compreensão do significado da vida da pessoa e da desconstrução de fatos e conceitos incrustados, que aparelham as histórias dominantes, deixando sentidos estreitos e difíceis de ultrapassar.

Quando o entrevistador, terapeuta ou agente social cria um contexto conversacional na entrevista com uma família, por exemplo, possibilita a criação de sentido para todos os envolvidos no sistema, que podem ter interpretações diversas. O importante não é gerar uma definição consensual do problema, mas ampliar seu sentido para todos eles. O foco está no processo e não no conteúdo do que ocorreu com aquela família. A conversação dialógica, isto é, a investigação partilhada, leva ao processo de mudança.

A negociação de significados que ocorre na conversação colaborativa e criativa da entrevista compõe um contexto de permanente construção. O grupo que se constrói ao falar sobre determinado tema, privilegiando certos conflitos ou situações – com objetivos explícitos ou não –, está sempre em desenvolvimento.

A ENTREVISTA DE CUNHO NARRATIVO: COMPREENDENDO A COMPLEXIDADE DA VIOLÊNCIA SEXUAL

O uso da entrevista-narrativa como ferramenta para a conversação criativa é considerado uma forma de intervenção, uma vez que evidencia um leque de possibilidades de mudanças aos envolvidos. Ela é indicada para situações de grande complexidade e impacto – violências as mais diver-

Conversas criativas e abuso sexual

sas, mas sobretudo abuso sexual, drogadição, grandes conflitos intrafamiliares etc. Além da possibilidade de transformação dos envolvidos, existe também a chance de permitir que essa proposta teórico-metodológica seja utilizada por outros profissionais para modificar seus modos de intervir, ousando e avançando em metodologias conversacionais mais coerentes com suas práticas e mais pertinentes aos seus objetos de estudo.

Essa proposta metodológica sugere que as pessoas, ao falarem, interroguem a fundo os relatos que constroem sobre si mesmas. Com base na compreensão que se processa no relato de suas narrativas, os sujeitos traçam soluções para seus dilemas (Minayo, 2010).

A tarefa metodológica do intérprete, do terapeuta, do agente social não é a de mergulhar totalmente no seu objeto, mas a de obter uma interação viável entre o horizonte do entrevistado e o horizonte do texto, lembrando sempre que o sentido e a significação são contextuais, parte de uma situação vivida pelo entrevistado. No papel do entrevistador, deve-se deixar que as coisas se manifestem tais como elas são, sem projetar-se nelas nem nomear categorias, pensamentos e ações próprios. Não é o entrevistador quem indica as coisas a ser relatadas, são as coisas que se revelam (Gergen, 2010; White e Epston, 1993).

É nesse processo hermenêutico que o ser se concretiza e se organiza com base na linguagem; a historicidade e a temporalidade do ser estão radicalmente presentes, traduzindo-se em significação, compreensão e interpretação. O entrevistado é considerado especialista e teórico de si mesmo.

O lugar do íntimo, do privado, do complexo e dos segredos se revela na entrevista de cunho narrativo, transformando-se em um espaço de conversas criativas – com realidades alternativas e preferíveis para as pessoas que estão no processo. Em um mundo social tão complexo como o de hoje, a capacidade de modificar e transformar a realidade é vital. Abrir novas perspectivas e caminhos é um trabalho imprescindível em qualquer campo do conhecimento – sobretudo quando se busca revelar os efeitos opressivos e subjugadores da violência. Violência que marca a identidade da pessoa, o que ela sabe sobre si mesma, como outros a descrevem ou como se deixa ser descrita por aqueles com quem convive.

Abrir novos campos de trabalho implica criar recursos heurísticos que conectem determinados acontecimentos, experiências e vivências, promovendo relatos com potencial curativo. "Uma vida dominada pela culpa é uma sentença à prisão perpétua" (White e Epston, 1993, p. 11). A pessoa deixa de ser objeto de violência para buscar mudanças e transformar-se em sujeito de sua existência. Compreende como sua vida está organizada em torno de significados construídos por ela mesma ou pelos que a rodeiam, e como tais significados mantêm – ou não – as situações de violência.

Conversas criativas e abuso sexual

A investigação partilhada e a coleta de dados por entrevista-narrativa/conversação possibilita organizar um processo generativo orientado para o futuro, incitando as pessoas que participam da entrevista a considerar as implicações das novas autoimagens emergentes. Permite ao entrevistado identificar e caracterizar uma nova maneira de pensar em si mesmo. Ao narrar suas histórias partindo da conversação e não de uma entrevista que gera respostas prontas e já pensadas, o participante explicita sentimentos e experiências associados às vivências que afetam todos os demais contextos de sua vida. Entra em contato com o novo, com as pausas que o fazem refletir, e ainda se dá a oportunidade de fazer conexões antes não percebidas, concentrando-se nos efeitos do vivido e nas soluções em vez de focar os problemas (Gergen, 2006).

A entrevista de base narrativa (Denzin e Lincoln, 2011) permite que os pontos de vista dos sujeitos sejam expressos com mais sensibilidade do que em uma entrevista padronizada ou um questionário. O método é considerado uma forma de entrevista não estruturada, de profundidade, com características específicas. Propõe-se a reconstruir acontecimentos sócio-históricos da perspectiva dos informantes, ou seja, o mais diretamente possível. O que é apresentado em uma narrativa é construído durante o processo de exposição de forma específica. Dessa forma, lembranças de fatos mais antigos podem ser influenciadas pela situação na qual são contadas no aqui e agora (Denzin e Lincoln, 2011; Flick, 2009; Minayo, 2010).

Bruner (1991), Flick (2009), Minayo (2010) e Denzin e Lincoln (2011) definem a narrativa como uma forma distinta de discurso, um modo de compreender a própria ação. Trabalha-se com os participantes de forma colaborativa a fim de melhorar a qualidade de suas experiências.

A conversação produzida na entrevista de cunho narrativo enfoca a relação entre as histórias das pessoas e o desenvolvimento de sua identidade ou do seu bem-estar. Utilizada como ferramenta para colher dados narrativos, produz transcrições detalhadas que permitem ao investigador prestar atenção nas práticas linguísticas do narrador, na escolha das palavras, nas repetições e hesitações, nos risos, no uso de pronomes pessoais e, ainda, em como a narrativa se desenvolve entre pesquisador e narrador. Como o narrador constrói sentido ou significado entre a experiência pessoal e o discurso cultural? Nesse sentido, a narrativa acessada na conversação contribui para contrapor-se aos discursos hegemônicos. Por exemplo, ao identificar os discursos opressivos, os entrevistadores auxiliam o narrador a contar e a interpretar fatos a fim de romper o círculo destrutivo e disjuntivo que o oprime. As pessoas constroem estratégias narrativas em relação aos discursos culturais e isso inibe sua história individual, mas não determina sua ação.

É fundamental compreender a relação da história com o contexto em que ela aconteceu, analisando as considerações sistemáticas dos mecanismos de comunicação, as circunstâncias, os propósitos, as estratégias e os recursos que moldam as narrativas. Cada um desses aspectos condiciona, mas não determina, as histórias que as pessoas contam.

Estudiosos como Anderson (2010), White e Epston (1993), Gergen (1996a, 2006a) e White (2012) veem na narrativa uma possibilidade de mudança pessoal e social, caracterizada pela urgência do entrevistado de falar e ser ouvido. O fato de narrar algo significativo já enseja mudanças positivas. A narrativa pessoal pode levar à respectiva emancipação: o narrador é a própria audiência; ele mesmo escuta versões alternativas de sua identidade, o que produz transformação.

A entrevista de cunho narrativo é iniciada com uma pergunta generativa, que sugere uma narrativa pouco específica, mas estimula a experiência principal do entrevistado. A partir daí, a pessoa vai complementando os fragmentos que antes não haviam sido explorados, visando a aspectos específicos e temporais relacionados a algum tópico de sua biografia. Em vez de enfocar temas específicos, os agentes sociais primeiro escutam as vozes internas (polifonia) que o narrador traz em seu relato, o que lhe permite construir o autoconhecimento (Denzin e Lincoln, 2011; Flick, 2009; Minayo, 2010). Sendo o mundo também construído por nós, não se devem "essencializar" as palavras. É importante ser consciente de que estas estão imersas em um vasto mundo (Gergen, 2006b).

O diálogo com outros ou consigo mesmo leva a um novo espaço de inteligibilidade e de prática. A esse espaço, segundo Gergen (2006b), dá-se o nome de "confluência criativa", ou seja, o interesse pelas possibilidades múltiplas de construção de um mundo cheio de significados. Na confluência criativa expandem-se os limites da terapia; desaparece paulatinamente a distinção entre o que se tem no interior e o que está no exterior; gera-se um amálgama criativo entre práticas tradicionais e mentalidades. Na ampliação e na intensificação dos diálogos residem a esperança e a confiança no futuro.

Assim, a entrevista de cunho narrativo é vista pelo CS como forma de intervenção para estimular conversas criativas, uma vez que qualifica o contexto e seus arredores e dá significado aos sentimentos e às experiências vividas. O entrevistado tem a oportunidade de reelaborar suas histórias de tal maneira que elas não exerçam mais um efeito tão opressor. As responsabilidades do vivido são divididas entre os participantes, estando eles presentes ou não, sendo as mais importantes compreendidas pelo caráter colaborativo que se instala na relação entre o agente social e o entrevistado. Assim, a entrevista de cunho narrativo cumpre então seu objetivo: potencializar o desenvolvimento de diálogos e conversas criativas.

Conversas criativas e abuso sexual

Além disso, possibilita acordos bem fundamentados, aos quais se chega pelo diálogo. Este sempre permite retornar ao discurso dominante e modificá-lo, uma vez que reconstrói as condições de possibilidade comunicativa.

Contar histórias é diferente de responder a perguntas ou de ser interrogado sobre fatos: é compor de forma reflexiva aquilo que não se pensou em relatar. Ao contar a história, a experiência que não havia sido selecionada aparece em um contínuo do relato do texto e passa a fazer sentido aqui e agora. Quando a escuta está destinada a compreender e não apenas a obter dados informativos, opera-se uma construção mútua, incluem-se sentidos e definem-se autorias. Ao contar as histórias sem ser interrogada, a pessoa capta, na relação, a experiência vivida pelo outro e compreende-o por se dar conta das próprias vivências. Ela se redescobre na experiência do outro e o reconhece. A pessoa responsabilizada pelo processo, com a intenção de desatar nós construídos nas relações conflitivas e de impacto violento, não precisa ser interrogada; antes necessita ser escutada para ser compreendida, configurando o ciclo criativo e hermenêutico da transformação. Isto é, deixar que o autor da história siga seu curso. Assim, os conflitos tornam-se mais saudáveis e menos injustos.

O "entrevistador narrativo" pode ser considerado um ativista sociopolítico, aquele que, segundo Grandesso (2008), expõe as práticas culturais que produzem narrativas dominantes e opressivas. É aquele que trabalha contra a discriminação, a dominação, a injustiça e as desigualdades sociais. É um especialista em criar e facilitar processos dialógicos, pois abre um espaço de confiança nas contribuições e na criatividade dos participantes. É um coinvestigador que participa da criação do que se descobre ao narrar as experiências.

4. SIGNIFICADO E RESSIGNIFICAÇÃO

SOFRIMENTO VERSUS ALTERNATIVAS:
CONSTRUÇÃO, INTERPRETAÇÃO E COMPREENSÃO

Diferentes narrativas acerca do abuso sexual permeiam a conversação das famílias durante o tempo percorrido entre a revelação do ato e a notificação/o atendimento em uma instituição. O diálogo com as famílias possibilita acessar as narrativas e os significados que elas produzem no âmbito privado, gerando assim novas compreensões – segundo seus valores, suas crenças e sua disponibilidade. Isto é, os membros da família participam das descrições uns dos outros. Inúmeras possibilidades surgem quando diferentes construções se encontram no espaço conversacional. Por ser a linguagem um subproduto da interação, sua construção está estreitamente ligada ao contexto social presente e à forma de vida de cada pessoa e de cada família. Ou seja, a questão do abuso sexual está implicada não somente no âmbito familiar, mas no contexto social.

Todas as famílias encontram saídas para as situações vividas, mesmo que estas não sejam resolutivas aos olhos externos. Na pesquisa-narrativa explicitam-se o movimento contínuo e a interatividade – tanto corporal quanto linguística. Novos discursos integram a construção linguística que se faz no âmbito familiar quando da permissão e da publicização das experiências na conversação realizada durante o acolhimento. A qualificação do sofrimento e a escuta das histórias sem interrupção, na conversação dialógica e na investigação partilhada e pública, possibilitam à família problematizar o fenômeno do abuso sexual vivido, complexificá-lo e olhá-lo de diferentes lugares para obter novas interpretações e, em consequência, compreensões.

As histórias relacionadas às situações de violência desqualificam, limitam ou negam aspectos significativos da experiência que não foi valorizada. Tais histórias, ligadas ao discurso dominante, estão saturadas de problemas que prejudicam as relações pessoais e organizam sua linguagem. Se esses relatos permanecem silenciados ou aliados aos discursos culturais que limitam a experiência, a pessoa entra em sofrimento – ou permanece nele.

A ressonância do sofrimento vivido pelas famílias e da busca de alternativas é compreendida e interpretada na conversação partindo-se do princípio de que a ação

Conversas criativas e abuso sexual

deve dar-se conjuntamente entre profissional e família, levando em conta três aspectos fundamentais: *a construção do problema, a mudança e como promover a mudança* (Rasera e Japur, 2007). De modo geral, esse é o processo vivido na conversação/entrevista-narrativa. A família identifica o problema e separa-se dele narrando suas histórias. Estas promovem novos relatos, que levam a mudanças oriundas do contar e refletir sobre o que é dito. A partir daí, as famílias percebem a possibilidade de restaurar o sentido do que foi vivido – constroem, interpretam, compreendem.

A *construção do problema* se organiza com base no discurso dominante dos poderes institucional, cultural e de gênero, os quais formatam a vida das pessoas e, assim, precisam ser dissolvidos. O problema é fruto das construções discursivas produzidas pelos implicados no contexto do abuso sexual, narradas na conversação. Constitui-se nas descrições e distinções que as pessoas fazem a seu respeito ou a respeito do abuso vivido. Visto desse ângulo, o problema situa-se nas formas como as pessoas constroem os discursos sobre o abuso sexual (Rasera e Japur, 2007), não estando nas pessoas, mas na maneira pela qual, juntas, conversam sobre o vivido. Na família, os problemas ganham múltiplas descrições, explicitando sua construção social.

É a narração das histórias de abuso sexual que propicia as *mudanças*. Ao contá-las, a família dá significado às situações vividas e as interpreta. As mudanças são as novas nuanças de ver o problema, os novos modos de reescrevê-lo, a responsabilização e a negociação de sentidos (Gergen e Gergen, 2010). Ao dar voz ao sujeito, promove-se a externalização do problema, separando-o daquele que o enfrenta. No momento em que a pessoa se separa do problema, pode se descrever com base em novas perspectivas, por identificar-se com outros fatos que geram histórias, ideias e ações alternativas. Assim, novas descrições vão tomando o lugar das antigas e novos significados são atribuídos às situações (Rasera e Japur, 2007).

A *promoção da mudança* objetiva a compreensão e a criação de histórias alternativas que incorporem aspectos vitais anteriormente negados da experiência vivida. A promoção da mudança está diretamente implicada no autoagenciamento ou agenciamento social – ou seja, percepção pessoal de competência para a ação, capacidade de comportar-se, sentir, pensar e escolher formas de vida mais libertadoras ou simplesmente enxergar que elas existem (Anderson, 2010, 2011).

De modo geral, esse é o processo vivido pelas famílias na conversação/entrevista-narrativa. Vamos agora descrevê-lo, mostrando as múltiplas vozes presentes nessas proposições construcionistas. Trata-se das experiências e das histórias das famílias, e de como elas as interpretam e compreendem.

Ao longo do processo de conversação e construção das narrativas apresentadas em torno do *problema*, que marcam a revelação do abuso sexual e as reações vividas, destacam-se: a solidão da família; os sinais emitidos pela vítima do abuso; o percurso que a criança faz para revelar a situação; o momento em que a criança decide contar o abuso sexual a alguém de sua confiança; as reações da criança, da mãe, da família e das pessoas envolvidas no problema e no sistema linguístico; a entrada da mãe no "buraco negro"; a necessidade da família de contar e recontar aspectos da mesma história.

Na conversação, as dificuldades transgeracionais, por exemplo, são narradas e ressignificadas por meio da compreensão do que ocorre com mãe/filha(o) e avó/neta(o). A presença dessas três gerações revela as influências transgeracionais de sentimentos, fatos e situações nunca conversados, tampouco compreendidos. Embora nem todas as vítimas revelem o abuso sexual diretamente à mãe, por diferentes fatores, percebe-se que é a mãe ou a avó que assume o comando da situação: aproxima-se da vítima e toma as medidas necessárias para procurar ajuda e desencadear soluções. Segundo especialistas (Hershkowitz, Lanes e Lamb, 2007; Santos e Dell'Aglio, 2010), a disponibilidade de denunciar o abuso sexual está associada à qualidade da relação que a criança ou o adolescente tem com a pessoa que vai acolher o segredo e às reações que esta última terá diante do acontecimento.

As mães iniciam a conversação descrevendo a situação de abuso sexual partindo de duas perspectivas: o segredo e a justificativa. Por se tratar de um tema por vezes aversivo para as progenitoras, que têm enorme dificuldade de estabelecer uma conversação franca com as filhas em situação de abuso, elas falam nas entrelinhas, por signos, como se a filha presente na entrevista não pudesse ouvir falar dela mesma. Referem-se ao abuso como "aquilo". Além disso, estão preocupadas em se justificar e em explicar sua ausência de casa. Falam de suas aspirações e desejos, sobretudo no que se refere ao papel profissional, de como gostariam que esse aspecto ocupasse sua vida e, ainda, de como isso interfere na criação dos filhos. "Mas é para eles que eu saio muito... É para trabalhar e trazer o dinheiro pra casa." Elas parecem pedir desculpas por ter necessidades próprias e por considerar seus desejos, como se nunca devessem pensar em si mesmas. É como se isso constituísse o grande mal, o causador do abuso e, portanto, elas devessem considerar-se as responsáveis e culpadas pela violência, o que parece paradoxal. Ao relatar essa ambiguidade na conversação, as mães reconhecem que as circunstâncias da vida imprimem tal situação. As constantes mudanças de ordem econômica e social marcam o tempo dessas famílias, e o abuso sexual extrapola aquilo que já vinha afligindo suas estratégias de sobrevivência. Agora, a situação impinge mudanças drásticas, que implicam a questão orçamentária do grupo. Muitas vezes, a mãe deixa de trabalhar fora, pois o pai ou o companheiro teve de sair de casa (Costa *et al.*, 2007; Pelisoli e Dell'Aglio, 2008).

A revelação é vivida pela criança e pelo adolescente em um processo que provoca dor, sofrimento, inquietações e sentimentos contraditórios em todos os membros da família. A mãe e a criança passam por um tempo de transtorno em sua interação, uma vez que a mãe pode ser sua primeira confidente ou se tornar uma delas após a revelação. A mãe parece ser vista como a melhor pessoa para receber essa notícia, sendo essa uma noção essencialista e fixa da cultura. É importante notar que, tal como nas pesquisas de Diniz (2011), Praciano (2011) e Pinho (2012), a mulher é vista como a organizadora das ações da família, mantendo a visão tradicional dos papéis de gênero. Assim que fica sabendo da violência, a mãe parece entrar "num buraco negro". Uma delas relata: "Eu não tinha chão naquele momento. Parece que eu saí de lá meio aérea. Parecia que eu tinha tomado um choque. Foi muito sofrimento saber dessa história. Fiquei atarantada, nervosa, não sabia o que fazer".

Sabe-se que nas famílias com histórico de violência há dificuldade de comunicação entre seus membros e isolamento da rede de apoio, o que prejudica a aproximação de conhecidos e profissionais, implicando grandes transtornos para a família e, principalmente, para a criança quando da revelação do abuso sexual (Pelisoli e Dell'Aglio, 2008).

Às crianças entre 8 e 10 anos ou às vítimas já adolescentes a mãe costuma perguntar: "Isso é de fato verdade? Isto é muito sério e você não pode mentir". A família, ao se defrontar com a revelação do abuso sexual – por meio da criança ou de outra pessoa –, vive intensamente a dor e o sofrimento, expressando sentimentos e estados de paralisação, aprisionamento e silenciamento. Dizem as mães: "Nunca pensei viver tamanho transtorno"; "Vivi um choque, perdi o chão, entrei em depressão, em muito sofrimento"; "Fiquei atarantada, não sabia voltar para casa"; "Fiquei doente, não consegui tomar nenhuma iniciativa"; "Fiquei louca, não dei mais atenção à minha família"; "Perdi o controle, virou um inferno a nossa vida. Abalou toda a família, mas o peso só recaiu em mim"; "Fiquei gelada, não consegui sair do espanto"; "Perdi pessoas... Teve confusão na família, curiosidade da família extensa..."

As mães sentem como se o abuso sexual tivesse ocorrido com elas mesmas. Ficam doentes fisicamente, não suportam o sofrimento nem conseguem tomar iniciativas até que se sintam melhor consigo mesmas e com sua individualidade, para então partir para a ação. Percebe-se que precisam de alguém de fora do sistema familiar que as retire daquela situação e as acolha em uma condição de prontidão para iniciativas.

Quando a criança não é capaz de contar diretamente à mãe e esta fica sabendo do abuso sexual por outra pes-

Conversas criativas e abuso sexual

soa, há ainda mais dor e sofrimento. Nesse caso, a mãe sofre duplamente: pela culpa do que aconteceu com a(o) filha(o) e pelo fato de a vítima não ter tido confiança para lhe contar. "Minha filha guardava um segredo que não foi capaz de me contar." A mãe quase sempre é capaz de prever o que a vítima vai lhe dizer: "Aí, ele estava com essas coisas... Aí eu procurei... Tem alguma coisa errada, só pode ser isso. Eu imaginei. Eu levantei a hipótese de que fosse isso". Ou, então, a mãe espera pela expressão de coragem da(o) filha(o) e esta(e) fica mais uma vez sozinha(o) para fazer a revelação, tarefa árdua para sua condição de criança ou adolescente. Outra mãe assim se exprime: "Às vezes, quando chegava à noite em casa, eu ia trocar meu filho só para ver se ele tinha alguma marca, e meu companheiro perguntava por que estava fazendo isso. E eu dizia: 'Não, só para ver'". Depois da revelação, a mãe e/ou outros familiares reconhecem que já haviam percebido os sinais da violência, mas não tinham coragem de encará-los. Santos e Dell'Aglio (2010) apontam que a descoberta da mãe sobre o abuso sexual não ocorre de imediato, mas em um processo, no qual é preciso prestar atenção nos filhos, juntar os fragmentos de sinais que vão surgindo, acreditar no que está percebendo e ter a coragem de enfrentar o problema.

Durante a conversação, as vítimas de abuso sexual (com 9 anos ou mais) permanecem conectadas à mãe e ao que esta diz, deixando que conte sobre si, e se permitem fazer algumas correções ou completar algum dado esquecido ou omitido. A partir do momento em que a criança/adolescente revela o fato à mãe, a história passa a ser muito mais da mãe do que da vítima. A criança agora quer ter certeza de que a mãe vai confiar nela, cuidar dela e protegê-la. Porém, a mãe ainda está conectada consigo mesma, na sua dor e nas suas muitas perdas, mas nesse ponto da conversação ocorre algo importante. Assim que a mãe se conecta verdadeiramente com o sofrimento da(o) filha(o), situação que acontece quase sempre ao final da entrevista-narrativa, ela demonstra querer permanecer na sala e contar sobre a própria vida. Nesse momento, a criança percebe que a mãe está falando de si mesma, presta atenção e se conecta com ela, surgindo daí uma nova forma de se relacionar. Quando a mãe conta sua história de abuso sexual ou de outras violências sofridas, parece haver uma aproximação maior entre as(os) duas(dois) e, também, uma nova possibilidade de relação, pois surgiu uma nova unidade de sentido naquele espaço. Há uma correspondência entre afeto e compreensão que concretiza a sensação de estarem juntas(os) e sofrerem os mesmos reveses. É talvez o ponto mais importante da entrevista.

Existem mitos do tipo: "Depois que a criança é abusada, ela fica assanhada" e "quando chega perto de um homem fica se amostrando". As pessoas constroem o mundo de diferentes formas e essas diferenças encontram-se enraizadas em nossas relações sociais, a partir das quais o

Conversas criativas e abuso sexual

mundo se tornou o que é. "As afirmações da verdade encontram-se invariavelmente vinculadas às tradições de valor" (Gergen, 2010, p. 19). Assim, quando ocorre a revelação do abuso sexual, a narrativa da(o) filha(o) com relação à mãe evidencia sentimentos de abandono, isolamento, desproteção. Já os sentimentos da mãe são de culpa, negligência, abandono e falta de atenção. É difícil para a mãe olhar para a situação, a qual muitas vezes ela mesma já viveu e com a qual não se sente capaz de lidar. Fica claro que esses sentimentos são os que mais contaminam a relação entre mãe e filha(o) após a revelação.

Ao permitir às famílias que contem suas histórias sem interrupções, estabelecendo uma oportunidade dialógica e explorando a responsabilidade relacional, as narrativas vão brotando. A responsabilidade relacional diz respeito tanto à atitude do entrevistador de facilitar a partilha em voz alta dos diálogos internos e privados, quanto à da mãe ou de outro membro da família de refletir sobre suas ações perante os outros (Anderson, 2010).

No que se refere às inter(ações) que geram *mudanças*, destacam-se: tempo para a família vencer os primeiros momentos de silêncio; necessidade de dar crédito à história da criança; rompimento familiar com relações significativas e/ou recuperação de relações antes não valorizadas; mudanças observadas na mãe e na criança que transformam o conhecimento mútuo; revelação do sofrimento, dos sintomas, das inquietações, dos sentimentos de culpa, do desrespeito ao papel da mulher, da perda de pessoas queridas e da dificuldade de estabelecer novas relações amorosas. Trata-se de narrativas em andamento, que se apresentaram no primeiro momento da entrevista-narrativa e estão inseridas em outras que se entrelaçam às primeiras.

A mãe que sofreu abuso sexual teme que o mesmo venha a acontecer a seus filhos, vivendo em permanente tensão. Porém, afasta da mente a possibilidade de que isso ocorra. Não conseguindo dimensionar até que ponto esse tipo de situação pode estar perto de sua família – como esteve em sua infância –, a mãe relata: "Uma história tão difícil, mas que aconteceu tão rápido [...] Ele veio, me pôs no colo dele, me deu bala e dindim e ficou passando a mão nas minhas partes. Aí, quando minha mãe chegou, eu contei pra ela, só que ela não acreditou em mim. Aí, por causa disso, acho que eu fui sempre assim, sempre ligada a essas coisas. Sempre tive medo de que isso acontecesse. Acho que meu medo que isso acontecesse era grande, mas ao mesmo tempo não queria que acontecesse de novo nem que acontecesse com meu filho". A mãe explica que ela, quando criança, além de ser violentada, ficou confusa diante daquela situação, dividida entre duas percepções tão diversas e concomitantes. E se perguntava: "Ganhei bala, mas sou mentirosa. Isto pode ou não pode?" A criança nessa condição só tem a alternativa de guardar a história; porém, ao longo da

Conversas criativas e abuso sexual

vida, essa narrativa permanece periférica e, portanto, ela não tem coragem de olhar para sua experiência e dizer em voz alta que foi abusada sexualmente. É como se a pessoa soubesse que ainda precisa resolver aquela questão e, quando aparece uma oportunidade de atualizar sua história, combina esses enredos. É imprescindível ressaltar aqui a força da transgeracionalidade: a família tem uma história que extrapola seu núcleo e envolve outros membros.

A criança tem dificuldade de avaliar se aquela ação do adulto é considerada violência e se aquela pessoa tem a intenção de submetê-la a tais vivências para satisfazer as próprias vontades. Algumas mães que sofreram violência na infância não tinham clareza de que essa ação que satisfazia o adulto constituía um abuso. Ao contar essa história vivida por sua(seu) filha(o), que agora se conecta com sua história, tomam consciência de que sofreram abuso sexual e de que o ofensor deve ser identificado e responsabilizado. As mães começam a se dar conta de que, ao não ser ouvidas pelas próprias progenitoras na infância, não devem proceder da mesma maneira com a(o) filha(o). Notam que a violência sexual vem sempre acompanhada de outras violências, a exemplo do seguinte relato: "Minha filha me conta que, quando viveu com meu ex-marido que abusou dela, ele queimava suas bonecas, ele cortou seu cabelo, que era longo e lindo, como se ela fosse um menino".

87

O mito da virgindade perturba as mães, pois grande parte delas pensa ainda que o abuso só ocorre quando há penetração. Sua preocupação maior não se refere à violação da integridade física, sexual e psicológica da criança ou do adolescente. Elas necessitam em primeiro lugar saber "até onde foram as coisas", se houve ou não penetração, se a criança ou adolescente ainda é virgem. Por isso, buscam rapidamente algum serviço, como o Instituto Médico Legal (IML), para fazer essa constatação. Se as mães dizem "não deu nada", significa que a criança ainda é virgem e não tem pressa de ser atendida – ou talvez nem precise de atendimento. A partir daí, se o ofensor é um adolescente, o pai ou o padrasto, a mãe nem sempre faz a notificação. Ela o protege para evitar um constrangimento. Portanto, o mito da virgindade é importante e tem valor cultural: é "direito patriarcal" do homem se apropriar de mulheres para satisfazer suas necessidades. Trata-se de um determinante que indica a natureza e a gravidade da violência que aconteceu à criança ou ao adolescente. Uma mãe, ao falar da perda da virgindade da filha aos 9 anos, lamenta profundamente o fato e conta a própria história, na qual mostra mais uma vez que a violência nem sempre vem com a "cara" de violência. Dessa forma, desconstrói-se o mito da virgindade: "Ele era irmão de uma vizinha de minha mãe, que veio morar com ela. Eu fiquei encantada porque ele nem conhecia a gente direito e já veio trazendo uma porção de balinhas e chocolate". Outra mãe, reproduzindo a fala da filha, diz: "Meu pai começou a fazer isso comigo desde que você foi embora e eu fiquei morando com minha avó. Ele fazia cavalinho comigo no colo dele". Vê-se, então, que esses comportamentos que parecem gentilezas vão se tornando violências, e muitas mulheres só agora entendem o que ocorreu com elas na infância. Compreendem que a questão não está no rompimento do hímen; mais importante que isso é a condição psicológica à que as filhas estão submetidas, impedidas de ser crianças e com medo de se tornar adultas, tais como elas mesmas.

Algumas mães se sentem revoltadas. O abuso sexual das filhas denuncia questões relacionadas ao papel de mulher e à conjugalidade. Sentem-se expostas a um tribunal que revela suas deficiências no papel de mulher e nas habilidades e interesses sexuais. A traição do marido com outra pessoa, que é a própria filha, mostra-lhes quanto estão desconectadas de si mesmas e das filhas. Esta pode ser uma narrativa que se mantém em segredo e em ambiguidade; porém, durante o relato as mães são capazes de reconhecer a sexualidade como uma necessidade vital.

Ao longo de uma conversação, a mãe vai se dando conta dos vários momentos em que não protegeu o filho: quando não diz a verdade à criança; quando não permite que esta lhe conte suas vivências; quando não presta atenção ao que acontece ao seu redor; quando não permite que ele conviva com o pai biológico. A mãe parece estar focada na relação com o companheiro ou no que aconteceu com ela. Sente que não cuidava nem de si mesma... "Como ia cuidar dele?"

Ao rever os momentos em que a criança não estava protegida, a mãe pode fazer outro paralelo entre sua vida e a vida de sua(seu) filha(o). Parece montar uma colcha de retalhos atualizada de suas experiências com as vivências dela e da criança. O significado presente nas narrativas da família está em constante desdobramento durante a conversação.

As reações dessas mães e avós, no sentido de restabelecer a proteção e o cuidado com a vítima, levam um tempo para ocorrer, tempo esse que varia de acordo com a gravidade do ato e as condições físicas e psicológicas em que essas mulheres se encontram. Essas reações que implicam proteção são tão diversas quanto as situações em que ocorre o abuso. Os membros da família relatam: "As crianças brincam mais e estão mais felizes". Uma mãe busca reparar suas culpas e não deixa a criança fazer nada que não esteja sob sua vigilância. Já outra nunca mais falou sobre o abuso sexual com as filhas adolescentes, pois insiste em dizer: "O que elas estão contando não é o que de fato se passou". Outras, ainda, não conversam com as filhas por não saberem o que dizer. Uma última chora muito de saudade da filha de 14 anos, que fugiu de casa, juntou-se com o agressor e vive com ele na casa da sogra.

Conversas criativas e abuso sexual

Ela não sabe o que dizer à filha e tem dúvidas sobre a violência. As mães das crianças com idade entre 4 e 8 anos buscam ajuda na escola.

É importante observar que grande parte das famílias entrevistadas passou por uma recomposição que pode ter ocorrido por meio: da saída do ofensor de casa; da saída da filha de casa, seguida de retorno depois de algum tempo; da criança que pede à mãe o retorno do pai à casa e, enquanto isso não acontece, elas dormem juntas; do enteado adolescente que deixa a casa do pai; da mãe e dos filhos que vão morar com a avó; das crianças que saem da condição de abrigadas por causa do abuso sexual e vão morar na casa da irmã da mãe; e da avó que conta ter reencontrado a felicidade quando os netos foram morar com ela. "Eu me sentia rejeitada e não era amada. Sem meus filhos, eu era uma mulher sem sal. Mas agora meus netos me amam, sou uma mulher amada. Agora meus netos só têm a mim." Uma mãe se coloca da seguinte maneira: "Viver sem ele é muito difícil. Quase morri, mas aprendi aos trancos e barrancos que todos os dias têm tribulações diferentes e que tenho que resolver". Ela compreende os movimentos da vida e de suas contradições, como aponta White (2002), e reafirma: "Precisa ter os pés firmes no chão". Outra mãe recompõe sua relação com o pai biológico da criança que a procura para saber o que se passou com seu filho, com quem nunca conviveu. As mães e a avó reconhecem que a mudança na composição da família muitas vezes implica mais e novas responsabilidades. Com isso, também se veem muitas vezes impedidas de recomeçar relações amorosas ou não querem fazê-lo: "Não confio mais nos homens"; "Aprendi a lição. Ver o sofrimento de meus filhos me ajuda a não arranjar mais". Porém, vale ressaltar que em algumas famílias há uma reacomodação e o reestabelecimento de relações de maior proximidade. Depois da grande revolução, que é a revelação do abuso sexual e as primeiras providências de proteção, a família se recoloca em um novo lugar, que, sem os conflitos e as violências, pode muitas vezes ser estruturador e organizador do crescimento e amadurecimento da família (Costa *et al.*, 2007; Santos, 2011).

Com relação às mudanças que ocorrem no âmbito intrafamiliar, algumas mães reconhecem que depois de um longo tempo parece que a família se une em torno das dificuldades. A iminência do atendimento gera desconforto diante da possibilidade de falar de novo sobre todas as consequências do abuso sexual. É como se os sentimentos sobre a violência fossem revividos. Algumas famílias buscam atendimento próximo ao evento de violência. Algumas reconhecem que o atendimento será muito bom e vai ajudar. Ao avaliar que já se passou tempo demais do ocorrido, outras relatam que os serviços disponibilizados não deram atenção ao que sentiram naquela época e, agora, todos já se ocupam de outras coisas. Há famílias que realçam quanto estão felizes por serem chamadas e atendidas e por perceberem que as pessoas querem ajudá-las.

Constata-se que o atendimento possibilita mudanças a partir da entrevista de acolhimento, desde que leve em conta a importância de deixar as pessoas relatarem suas histórias com pausas e tempos para reflexão. Ainda, evidencia-se a ampliação na rede de apoio dessas famílias, que entram em contato com outras que passaram pela mesma situação.

A *promoção da mudança* permite repetir e atualizar as histórias para apropriar-se dos avanços. A reinterpretação da mãe sobre o que aconteceu à(ao) filha(o), a busca de uma mudança na própria vida e a promoção de mudanças quando a mãe compreende a necessidade de proteger a vítima são os aspectos mais importantes produzidos na conversação.

Ao revisitar suas memórias de infância, as mães percebem e valorizam suas vivências de sofrimento e violência. Ao se dar conta de que sobreviveram corajosamente, podem enxergar novas opções e alternativas para suas(seus) filhas(os). A mudança é inerente ao diálogo.

Ao longo da entrevista-narrativa/conversação, uma mãe vai-se dando conta do que é proteger. Ela não tinha ideia de que dizer a verdade ao filho e lhe dar o direito de conviver com o pai, por exemplo, significaria cuidar dele. Ao dizer que não tem mais confiança em deixar o filho com uma figura masculina, não havia percebido que uma mulher também pode ser agressora. Constata isso ao deparar com as novas agressões físicas que o filho vem sofrendo da tia cuidadora. A criança lança mão de uma nova forma para revelar a agressão, conseguindo dizer diretamente à mãe, a qual foi capaz de perceber e acreditar no relato. Sobre o modo como cuidava do filho, a mãe faz uma narrativa reflexiva: "O que aconteceu comigo está acontecendo com o meu filho. Acho que é falta de cuidado. Eu precisava que minha mãe me protegesse". Ela começa a pensar na possibilidade de pedir à madrinha do filho para cuidar dele. Outras mães podem agora fazer conexões entre seus desejos e a necessidade de proteger os filhos, pois sentem que, ao trabalharem muito, faziam tudo isso também por eles. Ao notar que a criança apresenta comportamentos estranhos, como ter vergonha do corpo, não querendo, por exemplo, trocar-se perto dela, a mãe pode perceber a situação e fazer outra leitura, de que a criança precisa de sua proteção e do seu cuidado, pois algo com que não sabe lidar está lhe acontecendo.

Ao reinterpretar o que aconteceu na vida da filha, a mãe reflete sobre o que é ser abusada sexualmente: "Eu não entendia. Agora estou entendendo. Vivi relacionamentos tão ruins como os de minha mãe. Tenho 11 irmãos, cada um de um pai, e um desses meus padrastos quis abusar de mim... Agora compreendo que o que ele fez foi abuso". Esse contexto de conversação possibilita relatos alternativos que poderão ser honrados. Novos re-

Conversas criativas e abuso sexual

latos vão se construindo de acordo com a realidade relacional de cada um (White, 2002, 2012). Outra mãe é capaz de reinterpretar a fala da criança quando esta pede o pai de volta. "Eu acho que a M. sente que a gente já foi castigada. E que depois do castigo tudo pode voltar ao normal. Quero dar um bom pai pra minha filha."

As adolescentes que foram abusadas pelo mesmo ofensor insistem em mostrar à mãe quanto sofreram com a agressão: "A senhora não pode pensar assim... Cada um sente de um jeito. Eu também estou sofrendo, como a J. A senhora não deu importância para o que eles fizeram com a senhora, mas a gente não é assim... Eu queria muito que a senhora conversasse com a gente". Enquanto a mãe tem dificuldade de encarar seus sentimentos, as duas adolescentes, de 16 e de 12 anos, puderam fazer reflexões ao se mostrarem cuidadosas uma com a outra, ao se preocuparem em cuidar da irmã mais nova, filha do ofensor, e ao dizerem à mãe como é importante o diálogo entre elas. Certamente, essas reflexões vão ampliar as conversações da família e as mudanças serão promovidas pelas filhas. Essas adolescentes de fato estão empreendendo uma reinterpretação de suas experiências de abuso e reescrevendo os discursos com os quais querem modelar sua vida (White, 2002, 2012).

Outra mãe conta que sempre teve muita vergonha de si, sempre se sentiu culpada por causa dessas histórias, mas o interessante é vê-las falar usando o verbo no passado: "Hoje sinto que não sou culpada. Contar o que aconteceu com a gente me fez pensar em outras coisas que eu não fui culpada. Eu era como ela, inocente e ingênua, e precisava de proteção". A mulher conecta-se com suas ambições, com o tempo, com o trabalho, com a proteção e com os filhos, além de pensar em uma vida melhor. White (2002) aponta que com frequência o que leva uma pessoa que sofreu experiências de abuso sexual a buscar atendimento são determinados comportamentos autodestrutivos ou autoabusivos.

Quando a mãe diz no início da entrevista que seus estudos estavam em primeiro lugar, esta fala tinha para ela um sentido. O homem que abusou de seu filho não é o pai biológico dele. A criança nunca soube disso e a mãe não queria que soubesse. O pai biológico, que a mãe repudia, engravidou sua irmã na mesma época que a engravidou. Portanto, seu filho tem um irmão da mesma idade. Ela quis muito abortar, mas não conseguiu. Ao atualizar sua história, a mãe compreende tudo que fez e como contribuiu para que a situação ocorresse. Entende que todos os homens com quem se relacionou a desrespeitaram em seu papel de mulher. Conta novas nuanças da história do filho e envolve também aspectos da própria história, como se agora tivesse a dimensão do que aconteceu. Supõe-se que a mãe, ao contar sua história, se liberta dos medos e rancores que a perseguiram por tanto tempo. A mãe, que foi abusada por dois tios e pelo avô, agora reco-

Conversas criativas e abuso sexual

nhece que necessita de atendimento e compreende que a repetição dessa história precisa mudar. Ela não quer mais que sua filha viva situações que são de seu passado. Vale ressaltar que para quem de certa maneira sobreviveu aos traumas de abuso é importante inteirar-se de que outras pessoas também sobreviveram a experiências semelhantes de culpa e vergonha.

Ao repetir e atualizar as histórias, as mães apropriaram-se de suas experiências e avançaram na compreensão da própria vida. Essa parece ter sido uma das grandes finalidades das entrevistas. Por trás das histórias de abuso sexual há sempre outras histórias que vão se confirmando e compondo um quebra-cabeça. São idas e vindas de um fluxo de grande sofrimento, que permite compreender a vida de formas múltiplas. Nessa perspectiva, a conversação torna-se transformadora.

CONJUGALIDADE, PARENTALIDADE E FRATERNIDADE

Em um contexto conversacional, podem-se identificar ainda significados que a família atribui à sua experiência de abuso sexual com relação aos parceiros conversacionais implicados na *conjugalidade*, na *parentalidade* e na *fraternidade*. Essas intersecções têm grande relevância, estando presentes na família contemporânea. As interpretações e os significados presentes nas conversações favorecem novas experiências e intercâmbios entre as pessoas. Cria-se, assim, uma perspectiva dialógica que se configura na experiência intersubjetiva em que significado e compreensão podem se desenvolver.

As parcerias conversacionais, processo a que Gergen (2006a) chama de "política relacional", informam sobre os processos de intercâmbio entre as pessoas, buscam compreender os significados privados e públicos e visam à negociação do vivido nesse contexto. Segundo Gergen (2006a, p. 19), esse algoritmo é a expressão prática de sua concepção de teoria: "Cada um de nós é constituído pelo outro. Não podemos deliberar ou decidir sem implicar a condição do outro. Somos participantes do mundo mesmo antes de conhecê-lo".

As intersecções que ocorrem na política relacional das famílias com relação a conjugalidade, parentalidade e fraternidade movem-se não para o entendimento universal e cognitivo dessas intersecções, mas em direção a uma nova forma de vê-las ou participar delas, criando continuamente novas ligações entre os fatos. Nessas interações, os envolvidos no diálogo podem se revelar a si mesmos e ao mundo. Nesses momentos instituídos, possibilidades totalmente novas são criadas e as pessoas encontram soluções para seus problemas que só podem ser obtidas em reflexões conjuntas.

As reflexões conjuntas, denominadas por Shotter (1993a) de uma espécie de poética social, são entendidas como novas maneiras de compreender os fatos e criar modos de continuar a vida por meio da interligação e relação de fatos antigos em formas novas e criativas. O significado se constrói na relação entre as pessoas, e o que é expresso só começa a ter sentido quando outras pessoas acrescentam algo a esses enunciados. Assim sendo, o significado do que foi expresso não está na interação entre as pessoas, e não se mostra nem nas estruturas do texto nem no sistema de linguagem, mas no processo de intercâmbio (Gergen, 1996b, 2006a; Rasera e Japur, 2007).

Metáforas e ditos populares – alguns nomeados pelas famílias em suas narrativas e outros criados no processo de interpretação – foram utilizados nas conversações para descrever as parcerias conversacionais e serão citados ao longo do texto. Ditos populares são expressões do dia a dia das pessoas, que se tornam comuns e transmitem um conhecimento tradicional, anunciando uma realidade ou uma provocação. Metáforas são ferramentas auxiliares na conversação que podem dar sentido àquilo que se tem dificuldade de expressar ou decodificar. As metáforas e os ditos populares falam por si e refletem a descoberta de uma realidade de sofrimento, que se contrapõe a todas as convicções às quais as famílias se sentiam vinculadas. Essas falas têm valores que expressam um julgamento moral e comunicam um modo de vida ou uma deficiência. Para Gergen e Gergen (2010), os fatos narrados podem ser os mesmos, mas sua descrição depende dos seus autores.

A conjugalidade

Na conversação com as famílias no que diz respeito à *conjugalidade*, ficam evidentes vários matizes da violência contra crianças e adolescentes. Revelam-se a dimensão real da violência vivida pela família e seus significados produzidos em torno do abuso sexual, considerados discursos dominantes, o que perturba a ordem estabelecida. "Coloquei meu marido pra fora de casa. Estava construindo com ele uma vida conjugal, uma história juntos. Falei: 'Pega as coisas e some'. Parece que essa postura de bom marido que ele tinha é porque já estava fazendo coisas que não tinha respeito para com a criança e a família." Essa é a fala de uma mulher sobre seu ex-marido, que abusou de seu filho de 4 anos. Ela tinha a sensação de estar construindo com ele algo em conjunto. Sua fala identifica os sonhos e a decepção. "A gente passeava, fazia piquenique... E agora uma andorinha sozinha não faz verão."

As narrativas mostram uma diversidade de fenômenos relacionais que passam a ter sentido nas interações desse jogo relacional, da ação suplementar entre as pessoas que compõem o sistema linguístico. São descrições sobre o impacto da violência na conjugalidade, provocações, falas paradoxais e apontamentos que revelam como vivem. A maior parte das narrativas gira em torno da relação mãe/filha(o), uma triangulação formada pelo pai ou padrasto/mãe/filha(o). Num primeiro momento dessa triangulação, cria-se rivalidade e desconfiança entre mãe e filha. Quando a última manifesta narrativa sexualizada, em função do acúmulo da experiência de abuso sexual, ocorre a descoberta, por parte da mãe, de que a filha é também mulher. Outras descrições mencionam: cisão do papel de homem/pai/padrasto; mãe dividida entre seu papel de mulher e o de mãe; mudanças nos papéis sexuais entre os cônjuges; exposição da privacidade e da intimidade do casal. Ainda se pode falar em: construção social de gênero; dominação do homem sobre a mulher; planos conjugais falidos; conjugalidade frágil e destituída de dimensões de proteção.

Aparecem ainda nas narrativas a ambivalência da mãe ao ter de decidir entre ficar com a(o) filha(o) ou o marido, e as pressões familiares, sociais e comunitárias advindas da exigência dessa decisão. A mulher sente-se envergonhada por não ter um marido, um homem, e por ser desvalorizada socialmente, fatos que dificultam novos vínculos. Em função de todos esses fatores, a conjugalidade fica destruída, interferindo intrinsecamente no exercício da parentalidade e da fraternidade. Além disso, as relações entre mãe e filha(o) necessitam de atenção para ser reconstituídas.

Entende-se que, ao diferirem na forma de interpretar o mundo, homens e mulheres tendem a expressar atitudes e dilemas distintos das diversas esferas da vida cotidiana e das demandas que dela se originam (Diniz, 2011). O tempo modifica as relações em função do ocorrido, e o que não é dito ou qualificado torna-as incompreensivas, ambíguas e confusas, como se essas pessoas em interação nadassem em águas desconhecidas. Tal como aponta a metáfora, pois não se compreende o que se está vivendo. "Hoje não quero ver mais este homem. Ele foi à casa da minha mãe e ficou lá dizendo: 'Eu não fiz nada disso, ela é muito nervosa, foi me pondo pra fora de casa, não quis nem saber'."

Vale ressaltar que inúmeras mulheres demonstram quanto estão decepcionadas com o marido/companheiro, embora por vezes essa demonstração seja ambivalente. No primeiro momento da conversação, as mulheres os enaltecem: "Ele sempre foi um bom pai, nunca deixou faltar nada para as crianças". Algumas não conseguem falar em voz alta para si mesmas que eles são ofensores e desrespeitaram a elas e a suas filhas. Outra mãe fala da autoridade do homem na casa e diz que não houve violência: "Ele não estava violentando nenhuma de nós duas, nem eu nem a menina. E inclusive ele está até preso. Vai fazer dois meses. Foi uma denúncia anônima. É a Maria da Penha". Esse movimento de vaivém, de enaltecimento e decepção, simboliza o primeiro núcleo de sentido, cujo desenho ou metáfora informa quanto a mulher fica entre a filha e o marido. Sabe que a criança precisa de proteção, mas ao mesmo tempo entende que o marido precisa de atenção. A mãe-mulher se volta para a criança e o marido, e estes também se voltam para ela. Essa posição angustiante e confusa na qual a mãe se encontra consequentemente a paralisa, impedindo-a de tomar alguma resolução. A existência do triângulo configura uma questão de conflito – pai/padrasto, filha(o) e mãe –, mostrando claramente a violência intrafamiliar.

Algumas mulheres relatam quanto se sentem culpadas por terem dado preferência ao marido: "Dei mais atenção a ele que aos meninos". Essa é outra questão ambígua, pois a mulher se questiona se deveria ou não atender aos próprios desejos e vontades. Algumas se envergonham de ter exercido sua sexualidade; não querem mais saber de homens e de outras relações amorosas, dizendo-se "frias". Outras querem encontrar outro parceiro o mais rápido possível, não se preocupando com a relação desse futuro companheiro com seus filhos.

A igualdade de direitos no plano da cidadania e do trabalho evidenciou que a construção social de gêneros se faz arbitrariamente tanto para o homem quanto para a mulher. A estrutura do sistema contaminou o fato de nascer macho ou fêmea com significados de superioridade para os homens e inferioridade para as mulheres. Porém, não se pode falar de homem e mulher deixando de lado a perspectiva relacional, na qual o masculino vale muito mais que o feminino (Diniz, 2011). Desse modo, na conjugalidade contemporânea, mulheres e homens foram forçados a exercer papéis estereotipados e prescrições sociais (Diniz, 2011; Féres-Carneiro, Ziviani e Magalhães, 2011; Giddens, 2005; Jablonski, 2011). A conjugalidade é intrinsecamente afetada por essas circunstâncias. Quando se atribui a alguém a capacidade de pensamento próprio, age-se para sustentar a democracia relacional (Gergen, 2006a). Quais serão os valores sustentados pelo discurso de gênero?

As mulheres relatam que muitas vezes o marido não quer sair com elas nem permitem que elas saiam com as crianças, ficando todos isolados e sem contato com outras pessoas: "Agora sei por que ele não queria sair, ir à casa da minha família, porque ele temia. Ele não queria se mostrar pra ninguém e queria segurar minha filha para ele". Muitas mães se perguntam: "Como isso poderia ter acontecido se eu não vi? Estou sempre com as meninas. Aonde vou, levo as crianças". Depois ficam sabendo que tudo ocorria na própria casa, "debaixo de minhas saias". A mãe sofre ao perceber a triangulação da relação afetiva com a filha e o marido, o pai ou padrasto da criança, triangulação na qual sentimentos e afetos circulam. Os sentimentos sobre tal situação são os mais difíceis de ser verbalizados, pois ela compreende que está implicada em uma relação de competição pelo marido com a filha. Uma

Conversas criativas e abuso sexual

delas se refere a esse fato da seguinte maneira: "Toda moeda tem dois lados". Às vezes a metáfora é oferecida pela família espontaneamente ao falar de modo mais simples, o que lhe permite ser mais bem compreendida. As metáforas impulsionam a família e facilitam seu processo narrativo (White, 2002, 2012).

Ao que parece, os relacionamentos conjugais não são mais permeados por acordos entre os parceiros, o que dificulta a comunicação e contribui para que cada cônjuge pense e viva situações separadas e individuais quanto aos seus desejos e realizações. Surgem daí narrativas, indagações e descrições muito distintas, histórias que não são compartilhadas e vão se acumulando em vivências internas saturadas de problemas. Como se isso não bastasse, a família é assolada por uma tragédia imprevista. O abuso sexual, principalmente intrafamiliar, gera uma fonte adicional de conflitos, pois modifica a vivência dos papéis sexuais entre os cônjuges e origina novas demandas consideradas antagônicas.

Observou-se nas entrevistas que alguns casamentos terminam rápido, pois acontecem entre pessoas muito jovens, que não têm tempo suficiente para organizar uma família autônoma do ponto de vista afetivo e econômico. O casal não estabelece um sistema conjugal claramente definido em função dos diversos fracassos, deixando enormes lacunas e insatisfações afetivas, complementadas por questões individuais que contribuem enormemente para um exercício frágil e ineficaz dos papéis parentais. Em virtude disso, crianças e adolescentes têm menos oportunidades de viver e presenciar uma relação amorosa, de cooperação, de mutualidade e organizadora da vida relacional familiar – não há parceria entre seus pais.

Em síntese, pode-se considerar que as narrativas das famílias referenciadas tanto no dito popular "uma andorinha só não faz verão" quanto na metáfora "nadam em águas desconhecidas" explicitam a ambiguidade do contexto de abuso sexual e mostram que este afeta consideravelmente a conjugalidade, impulsionando-a a um rompimento. Quando a mãe se dá conta do abuso sexual da(o) filha(o), ela é impelida a fazer uma escolha extremada: ficar com a vítima ou com o marido. Se a mãe busca um serviço de ajuda psicossocial ou aceita um emprego para sustentar sua família, costuma optar pela(o) filha(o) e busca o resgate e a proteção desta(e). Isso implica abrir mão da conjugalidade, pois a mulher sofre pressões sociais e necessita notificar o que aconteceu. Por isso, a intervenção em famílias sob condições socioeconômicas desfavorecidas exige que os serviços sociais ajudem a mãe a fazer a escolha direcionada para a proteção da(o) filha(o). Muitas não conseguem seguir esse caminho, uma vez que a separação lhe é penosa e ela depende do dinheiro do marido. A mãe precisa dessa ajuda e do apoio socioeconômico do Estado para seguir a vida com sua fa-

A parentalidade

Com relação à *parentalidade*, apenas um pai acompanhou a entrevista, mas foi a mãe quem deu sustentação à conversação. As histórias, com seus relatos implícitos ou explícitos, mostram claramente o que a metáfora "o plantio é livre, mas a colheita é obrigatória" expressa – no sentido de que, ao narrar, colocam-se na mesa os fatos vividos, que são ali compartilhados com as pessoas presentes, mesmo que estes não sejam os preferidos da família. Toma-se consciência de que esses fatos foram construídos ao longo do tempo. A mãe, aquela que assume a denúncia e depois o atendimento, deve ir adiante, buscar proteção. Sem o companheiro – que simbolizava uma união do tipo expresso pelo dito popular "uma mão lava a outra e as duas lavam o rosto" – ela agora sente que não pode esmorecer e tem de caminhar com os filhos.

"Hoje eu aprendi a ver que tem coisas que eu preciso resolver e não fazer de minha filha uma válvula de escape. Eu colocava ela no meio dos problemas meus e do meu marido. Quero aprender a não fazer isso... Meu marido bebia muito e eu tinha que cuidar dele. Agora está preso." Essa fala revela com clareza o que se passa na relação entre pais/padrasto e filhos, corroborando os relatos de tantas outras mães sobre: relações amorosas de pouca co-operação e mutualidade; papéis parentais frágeis e pouco afetivos; avós exercendo pseudopapel parental; conjugalidade influenciando a parentalidade; famílias monoparentais; figura paterna periférica. Outras narrativas confirmam: cuidar da violência é papel da mulher; crianças e adolescentes se mostram ambivalentes em relação ao afeto dos pais, pois amam e sofrem ao mesmo tempo; as mães sentem que fracassaram na proteção e os pais adotam as(os) filhas(os) como objeto de satisfação pessoal. Há, ainda, uma inversão da hierarquia familiar entre pais e filhos, seguida de um conflito entre cuidados e afagos que se misturam com desejos sexuais; os pais não conseguem assumir a responsabilidade pelo cuidado e pela proteção dos filhos.

Na dimensão da parentalidade, vale apontar que os diversos arranjos e possibilidades de interação entre o casal e a(o) filha(o) colocam a todos em um jogo relacional de ambiguidades e ambivalências. Esse processo imprime à família um modo de interagir que concretiza, ao mesmo tempo, espaços ambíguos de insegurança e proteção, configurando relações afetivas confusas e tensas. A partir daí, cada pessoa ocupa o lugar que já tinha em sua família de origem, repetindo a fala dominante e estendendo esse jogo relacional às(aos) filhas(os).

As experiências de crianças e adolescentes os pais são de ambivalência de afetos, de responsabilidades, de cuidados, de atenção, de papéis, de poder e de formas de manifestação da amorosidade. Tal ambivalência aumenta ainda mais quando ocorre a revelação do abuso sexual. Pode-se dizer que há uma dança de participação diferente em momentos e graus diversos, em que nenhum membro fica de fora.

Por parentalidade entende-se um conjunto de ações que constituem um padrão global de interação pais-filhos em diversas situações, gerando um clima emocional que perpassa as atitudes dos pais e cujo efeito é alterar a eficácia das práticas disciplinares específicas, além de influenciar a predisposição dos filhos à socialização. Um modelo integrador propõe associar três instâncias fundamentais para o exercício relacional entre pais e filhos: as características dos pais, as características dos filhos e as características do contexto social. As funções paternas consistem em acompanhar, educar, proteger, preparar para o futuro e propiciar carinho, amor e proteção (Grzybowski, 2007). O contexto parental abarca, portanto, a rede de apoio (escola, vizinhança, amigos), a relação conjugal e o trabalho dos pais. Todas essas questões influenciam o papel que ocupam nas estruturas sociais, na parentalidade e no desenvolvimento das crianças e dos adolescentes. Toda a família deve conhecer as tradições desse discurso para que tensões deem lugar a conjunções criativas e originem meios mais eficazes de ela relacionar-se com o mundo externo.

Cuidar da violência vivida pelas crianças é quase sempre tarefa das mulheres/mães. Elas dirigem sozinhas a própria vida, a de seus filhos e, às vezes, a de seus netos, responsabilizando-se pelas relações, pela educação e pela renda. A inserção em atividades remuneradas é afetada pelas representações sociais das atribuições femininas definidas segundo a tradicional divisão sexual do trabalho. Assim, a mãe ocupa um lugar marcado pela sobrecarga afetiva. Geralmente não conta com a presença masculina quer na criação dos filhos, quer como companheiro conjugal (Féres-Carneiro *et al.*, 2011).

As atividades do casal parental e conjugal poderiam ser entendidas como ações conjuntas no que se refere aos filhos. Os múltiplos contextos desse relacionamento influenciam as suplementações (Gergen, 1996a) – processos recíprocos nos quais uma pessoa acrescenta às próprias ações o modo de se expressar da outra – e as conjunções criativas.

Por não ter tido na infância relações familiares favoráveis ao seu desenvolvimento, a mãe supervaloriza essa função e deposita muitas expectativas tanto no papel conjugal quanto na maternidade. Já o homem permanece com um forte componente de filho-marido, que demonstra dependência e ao mesmo tempo autoritarismo com a esposa e filhos. Para Minuchin e Fishman (1990), fica assim caracterizada uma figura paterna periférica; o pai tem dificuldade de lidar com a responsabilidade e, ao

Conversas criativas e abuso sexual

mesmo tempo, desconfia de sua capacidade para exercer um papel afetivo. Assim, constrói-se uma relação flutuante, sendo esporádica sua presença na estrutura familiar. Alguns resolvem esse abandono físico ou psicológico usando álcool e drogas ou investindo nas relações de poder e nas diversas formas de violência, respondendo a um discurso dominante já estabelecido e vivido.

Alguns aspectos relativos à ausência do pai/padrasto despontam como positivos no abuso sexual vivido pela família e narrado na entrevista. O plantio referenciado na metáfora, que implica a organização familiar e o abuso sexual, sobrecarrega sobremaneira a mãe. No entanto, mesmo sem a mão do marido – "uma mão lava a outra e as duas lavam o rosto" –, ela consegue vivenciar aspectos positivos diante da situação:

1. A mãe mostra a intenção de recompor a família, mesmo que sem a presença da figura masculina.

2. A mãe tem a oportunidade de se reconhecer e confirmar sua capacidade para reorganizar a vida familiar e seguir avançando em outras conquistas, inclusive pessoais, após os primeiros transtornos da revelação.

3. Muitas famílias relatam que depois de algum tempo a vida ficou mais tranquila e as crianças, mais felizes.

4. Diversas mulheres contam que antes do abuso viviam afastadas da família, mas depois dele passaram a receber apoio de familiares, estabelecendo uma convivência mais próxima com os parentes. Elas re-

conhecem que a situação de abuso sexual contribuiu para as relações serem mais afetivas e compreensivas.

5. As mães passam a se interessar mais pelo desempenho escolar das crianças.

6. Uma vez responsável pelo núcleo familiar, a mãe contribui para o surgimento das chamadas famílias conviventes, monoparentais femininas, mais autônomas e felizes.

Em síntese, pode-se afirmar que a parentalidade também está permeada pela violência intrafamiliar, uma vez que as experiências ambivalentes de crianças e adolescentes com afetos, responsabilidades e papéis dos pais estão presentes, além da ambiguidade da mãe com relação à filha e ao marido. Se na conjugalidade havia três personagens – pai/padrasto, filha e mãe – em conflito, na parentalidade a filha se parentaliza com a mãe e o pai/padrasto fica fora da relação. Existia o casal, mas a mulher-mãe escolhe a filha e o pai fica fora do quadro.

Assim, na parentalidade não se tem a resolução do conflito, mas sua dissolução. Quando a mãe é convocada a fazer uma escolha e opta por proteger a(o) filha(o), elimina o companheiro. Embora esse quadro mostre uma dissolução do conflito naquele momento, é também considerado violência intrafamiliar.

A fraternidade

Com relação à *fraternidade*, podem-se destacar abuso, violência, agressão, conflito, rivalidade e *bullying* como alguns dos termos utilizados de forma indiscriminada para se referir às divergências e violências ocorridas entre irmãos. Para Relva, Fernandes e Alarcão (2012), são impingidos aos irmãos a convivência e, sobretudo, o dever de amar-se, mesmo que sintam o contrário. A competição por amor, afeto e atenção dos pais, ou por algo que ambos desejam, circunda essa convivência, muitas vezes gerando conflitos ou violência mais graves, conforme a dinâmica familiar vai se estabelecendo.

O jogo de interesse entre irmãos revela uma constante tensão no ambiente. Como cada um reage às circunstâncias e às expectativas que estão sendo impedidas ou restringidas e organiza um modo de se estabelecer na relação, ganha aquele irmão que mais poder tem sobre o outro. Tudo isso molda um modo de relacionar. É como se se estabelecesse um jogo no qual os participantes têm de ficar atentos ao que se passa no ambiente para colocar-se onde obterão mais proveito. A interação entre irmãos figura-se como peças de boliche. Conforme os irmãos se movimentam, têm mais ou menos ganhos na política relacional da família, decorrendo esses da maneira como atribuem significados aos fatos da vida. Uma mãe relata: "Eu tive 11 irmãos, cada um de um pai, a gente brigava muito e foi cada um prum lado, era cada um por si. Hoje é minha irmã quem me ajuda. Ela às vezes vai lá em casa cedo e leva o pão para os meninos. Se não fosse ela me levar para a igreja e me ajudar, eu não teria os meninos. A união faz a força. Hoje posso parar e pensar que mais cedo ou mais tarde precisamos um do outro".

Estudos como os de Eriksen e Jensen (2009), Omer, Schorr-Sapirb e Weinblatt (2008) e Relva *et al.* (2012) enfatizam que a violência entre irmãos é provavelmente a mais frequente e menos estudada e conhecida, apesar de sua gravidade e prevalência. Finkelhor e Dziuba-Leatherman (1994) apontam que a violência entre irmãos deveria ser agrupada numa categoria de vitimização de crianças que designaram de "pandêmica".

Por vezes, os irmãos passam muito tempo juntos na ausência de um adulto, sobretudo nas camadas populares, o que cria oportunidades para o surgimento da violência. Portanto, esta se dá predominantemente no contexto familiar. Pais e profissionais tendem a considerar a violência entre irmãos aceitável, pois esse comportamento abusivo é visto como um fenômeno comum a todas as crianças e muito mais entre irmãos. No entanto, não se dá a devida atenção ao problema.

"Quem abusou de minha filha foi seu meio-irmão." Nessa circunstância, a mãe fica dividida, pois a menina é sua filha e o adolescente é filho de seu marido, que é também pai da menina. A mãe conta que o adolescente ensina a irmã a fazer com ele aquilo de que gosta sexualmente, para que a menina ensine o mesmo aos primos menores. Conta, ainda: "Quando eu via os dois juntos no sofá, falava que não queria saber daquilo. Eles brigavam muito por causa do computador e ele dizia que não gostava de morar ali com a gente, com o pai dele, queria voltar para a casa da mãe. Lá ele era solto e vivia na rua. As pessoas me diziam: 'Como você tem coragem de pôr eles juntos?' Depois que isso aconteceu, a família inteira do meu marido brigou com ele, principalmente as tias do menino [...] Não tive coragem de denunciá-lo porque me disseram que ele ia sofrer muito". Sabe-se que o abuso sexual infantojuvenil não só acontece com um adulto em relação a uma criança, mas envolve qualquer prática sexual realizada por uma pessoa em relação a outra com menor nível de desenvolvimento psicossexual (Habigzang *et al.*, 2009).

Por vezes diante de situações tão difíceis, as famílias sentem ser melhor ficar em casa, cuidar da vida e deixar as coisas se resolverem. Encontram outros recursos relacionais para seguir a vida. Porém, o receio do que possa ocorrer aos filhos impulsiona muitas delas a ter coragem para buscar atendimento. É como se a família precisasse manter uma conversação interna consigo mesma até que consiga passar à ação. Esse espaço reflexivo necessário à família confirma o que Rasera e Japur (2007) afirmam sobre a natureza dialógica da vida e seus aspectos polifônicos. Todas as pessoas são compostas por diferentes vozes internas que contêm traços de todos os sujeitos com os quais convivem. As vozes internas da família precisam ser decodificadas para que ela se disponha a sair de si mesma. Tal decodificação se dá desde que seus membros tenham a oportunidade de se encontrar e mutuamente desconstruir e reconstruir suas narrativas. É nessa oportunidade que compreendem os significados de suas histórias e chegam a alternativas para retomar a vida.

As formas de violência mais prevalentes entre irmãos são a física, a psicológica e o abuso sexual. A violência psicológica é a mais comum no espaço fraternal, mas subnotificada, podendo ser considerada a mais prevalente e de difícil comprovação. Quanto à violência sexual, alguns autores (Caffaro e Conn-Caffaro, 1998; Eriksen e Jensen, 2009; Relva *et al.*, 2012) consideram-na abusiva quando o irmão perpetrador tem no mínimo cinco anos de diferença entre a vítima e mais poder. O abuso sexual por irmãos inclui: atividades sexuais não desejadas em conversas, fotografias pornográficas ou exposição à pornografia; e contato sexual inadequado, como toques, carícias, exposição indecente, masturbação, tentativa de penetração e relações sexuais.

Ao correlacionar aspectos da conjugalidade e da fraternidade, uma mãe revê toda sua vida pessoal, passada e presente, e mostra-se indignada com as atitudes da irmã: "O pai do meu filho engravidou minha irmã e o menino

Conversas criativas e abuso sexual

tem um irmão-sobrinho, dois meses mais novo que ele. Ele já vivia comigo e fez isso. Não posso confiar nos homens. Mas minha irmã é muito assanhada e vivia pegando tudo quanto é homem. Como compreender uma situação como essa?" Compreender é compreender-se, mas significa também estar exposto a erros e antecipação de juízos. Em síntese, compreender uma situação implica a possibilidade de interpretar, de estabelecer relações e extrair conclusões diversas. A compreensão só se concretiza quando as opiniões prévias com as quais se inicia uma relação não são arbitrárias (Palmer, 2011).

Outra mãe relata que, quando saía e deixava a criança com o irmão de 16 anos, a menina dizia: "Mãe, eu não quero ficar com ele, não. Eu não vou ficar mais com meu irmão, mãe, ele manda eu coçar ele". A mãe continua: "Eu não sei mais o que fazer, lá em casa tem um beliche, mas ele cisma de dormir com a menina". Além de ser molestada pelo avô, a criança é também vítima do irmão de 16 anos, que diz: "Mãe, deixa ela comigo que eu vou olhar ela". A mãe afirma: "Eu não sei, eu não vejo maldade. Só que acho estranho ele gostar tanto de deitar com ela".

Autores como Caffaro e Conn-Caffaro, 1998; Button e Gealt, 2010; Finkelhor e Dziuba-Leatherman, 1994; Eriksen e Jensen, 2009; e Relva *et al.*, 2012, afirmam que o incesto entre irmãos é comum. Embora a sociedade continue a ignorar ou minimizar suas consequências para as vítimas e suas famílias, sabe-se que seus efeitos são nefastos. Mas como se justifica essa falta de atenção? Tem-se uma relutância das famílias em relatar às autoridades a ocorrência do incesto entre irmãos, a minimização do problema pelos pais e a ameaça sob a qual as vítimas são colocadas quando o abuso ocorre. Acredita-se que o contato sexual entre irmãos está dentro dos valores normais de aceitação da brincadeira sexual ou exploração entre crianças, não sendo os detalhes dessa curiosidade totalmente compreendidos. Os ofensores tendem a ser igualmente vítimas e autores do controle coercivo. Quanto ao irmão vítima, parece existir uma diferença no desenvolvimento (física, observada na força e no tamanho, ou intelectual) em relação ao ofensor.

O contexto em que as situações de violência entre irmãos ocorrem é gerado por tensões como: monoparentalidade; instabilidade financeira; discórdia conjugal; consumo de drogas ou álcool; existência de perturbações psicopatológicas nos pais; estresse familiar; divórcio. Os conflitos conjugais, a violência contra mulheres e crianças, o envolvimento em discussões verbais entre os pais, a ausência de disponibilidade e a falta de supervisão parental estão frequentemente implicados na ocorrência da violência fraterna, sendo considerados, por excelência, fatores que influenciam sua manifestação (Caffaro e Conn-Caffaro, 1998; Button e Gealt, 2010; Finkelhor e Dziuba-Leatherman, 1994; Eriksen e Jensen, 2009; Relva, Fernandes e Alarcão, 2012).

Conversas criativas e abuso sexual

Na busca de um lugar social na família, ocorrem entre os irmãos uma distinção, uma autodescrição, uma diferenciação dos papéis de cada um, levando a uma relação desigual de poder, ao empoderamento ou à falta de confirmação de seus recursos relacionais. Tal diferenciação ou autodescrição dos papéis ocorre porque cada um ocupa hierarquias diferentes no jogo relacional, almejando um lugar específico na família. Rivalidade, competição, mais atenção dos pais, jogos de interesse, expectativas a ser alcançadas e tensões hierárquicas entre pais e filhos são sentimentos presentes. Quando ocorre o rompimento conjugal, a família é toda afetada, mas aos poucos os irmãos vão encontrando seu lugar. Se tal lugar não é mais almejado pelo outro irmão, na percepção daquele, ele não precisa mais usar o poder e a violência para realizar seus desejos.

Em síntese, a violência entre irmãos é também uma violência intrafamiliar. Não estabelece uma dinâmica diretamente entre pais e filhos ou entre marido e mulher. Fala-se de outra organização, pois a criança não é abusada pelo pai/padrasto, mas pelo irmão, um par com quem deveria ter igualdade de poder. O grande número de ofensores irmãos ou meios-irmãos destaca a ambiguidade dos adolescentes que são colocados pelos familiares adultos no papel de "cuidadores substitutos". Nas famílias em situação de vulnerabilidade, o jovem fica muitas vezes responsável pelo trabalho doméstico e pelo cuidado das crianças – dar banho, alimentar, vestir, levar à escola –, passando todo o dia sozinho com elas. Ao se ausentar de casa para buscar a sobrevivência, a mãe define o papel que cada filho assumirá na organização familiar. O adolescente tem dificuldade de conter e atualizar seus impulsos sexuais; além disso, o próprio contexto familiar funciona como meio oportunizador, impedindo-o de manter-se no papel dado pela mãe (Costa *et al.*, 2013). Quando esta retorna ao lar, coloca cada filho novamente no seu antigo lugar, segundo suas exigências, perturbando a percepção de cada um e seus papéis na organização. Não há supervisão nem orientação por parte dos responsáveis, que ignoram a sexualidade dos adolescentes e das crianças; trata-se de uma verdadeira confusão de papéis, uma vez que aos adolescentes são atribuídos responsabilidade, autoridade e poder sobre as crianças.

A hermenêutica sustenta que não existe um só ponto privilegiado para o entendimento, assim como não há significado verdadeiro ou representação correta. O jogo de boliche pode ser visto como uma violência da qual terão de sair um vencedor e um perdedor, mas pode ser encarado de outro prisma. As narrativas demonstram também que aos irmãos não só é impingida a convivência, outros significados para pautar a relação de fraternidade são possíveis. A interação entre irmãos pode ser significada como uma oportunidade de convivência pela troca, pela colaboração, pela ajuda e pelo apoio. Pode-se jogar

Conversas criativas e abuso sexual

boliche de forma cooperativa, na qual a diversão e a disposição de estar junto são compensatórias e fazem bem. Então, quando se precisar de um irmão, mais cedo ou mais tarde, ele estará disponível para ajudar, como expressa o dito popular. Na fraternidade pode-se gerar violência, mas também encontrar recursos que inspiram relações de apoio e colaboração.

CONSIDERAÇÕES FINAIS

Gergen e McNamee (2010, p. 58) afirmam que, "ao aproximar-se de uma família pela primeira vez, inicia-se um processo de mudança". Essa foi a premissa que norteou toda a trajetória da pesquisa que agora virou livro. Para mim, tratava-se de um compromisso social com cada família entrevistada, pois aquela poderia ser sua única chance de instaurar um processo de mudança.

Entrar em contato com as famílias que vivenciam situações de abuso sexual é estar diante de um quebra-cabeça do qual muitas vezes faltam peças. O construcionismo social insere-se nesse contexto exatamente para mostrar que não é necessário encontrar todas as peças, mas sim a forma como os jogadores articulam as que existem, dando-lhes o sentido e o significado que podem e suportam naquele momento. É compreender as interações familiares partindo do cenário linguístico e do discurso que as orienta. O tipo de conversação que se vai ter com a família – e até mesmo o pensamento do profissional sobre ela – abre ou não "novas portas". Quando estas são abertas, as peças do quebra-cabeça vão se encaixando, influenciadas por essas premissas. A cada novo deslocamento de peças, que ocorre nas conversações da família em casa ou no atendimento especializado, novas possibilidades surgirão – e com elas a sensação de organizar e agenciar a vida. Nesses momentos, os indivíduos e a própria família tornam-se agentes da sua mudança, apresentando fala e movimentos responsivos em vez de estáticos e repetitivos. A família é tocada e atingida ao refletir sobre as próprias palavras, enraizando seu discurso em sua experiência de vida.

As narrativas sobre abuso sexual colhidas na conversação não têm apenas caráter descritivo-informativo acerca da violência ocorrida. A postura construcionista social – de não adotar uma posição de julgamento e culpabilização – permitiu às famílias relatar suas histórias fazendo que seus significados e sentidos se conectassem com sua ação.

O percurso feito pela entrevista-narrativa/investigação dialógica convida a pessoa a construir uma nova descrição da história vivida, mas ainda não pensada nem contada. As histórias funcionam como ferramenta conversacional na produção de novas narrativas. Tenta-se dissolver a narrativa dominante para que o sofrimento e a opressão sejam transformados. Sai-se de um contexto já estabelecido e organizado, que apontava apenas para uma ação externa, e entra-se numa perspectiva mais relacional, pois a narrativa é construída de forma coletiva. Trata-se mais de compreender que de explicar.

Ao enfocar o processo, o multiverso, a pluralidade das narrativas e suas diferentes interpretações, a conversação permite acessar e identificar essa produção interna e perceber que os outros indivíduos, "eus" ativos, não se movem independentemente dos "nós". "Seus movimentos não são totalmente seus, como os nossos não são totalmente nossos" (Shotter, 1993, p. 89). Os movimentos se entrelaçam e novas interações se produzem, mesmo não havendo conversação explícita sobre o que se vive.

Na conversação também não é possível dissociar as narrativas e a produção interna da intervenção. Trata-se de um processo interdependente, com vários círculos concêntricos – como a metáfora da pedra que cai na água e vai formando círculos do centro para a periferia. Esses "círculos de ambiente" mostram a importância do intercâmbio das narrativas produzidas pela família e sua conexão direta com as mudanças que ela quer empreender em sua vida.

Necessário se faz criar narrativas transformadoras e/ou modificadoras para que a família tenha outro olhar para a situação vivida. Não se consegue construir o externo, a ação, se não houver uma construção de sentido nascida do processo conversacional. Promover as famílias em agentes sociais de mudança, na perspectiva apontada por Gergen (2006a), é um desafio, mas as mudanças só ocorrem quando a matriz relacional se converte em seu principal recurso.

As narrativas funcionaram para que a família fizesse uma releitura do seu potencial e compreendesse que o contexto do abuso sexual é preconceituoso, pouco criativo, permeado por práticas repetitivas. Isso não permite que a família desenvolva a capacidade de resolver e dissolver problemas. Com a perspectiva do Construcionismo Social, porém, elas buscam em seus recursos internos, presentificados ao narrar suas histórias, alternativas de mundos melhores e futuros preferidos.

Assim, a introdução de metodologias narrativas no contexto de abuso sexual instigaria profissionais, pessoas e famílias a tratar o vivido não partindo dos fatos e da sequência do que aconteceu, mas dando significados às suas narrativas, buscando outros sentidos para os problemas. Os agentes externos de proteção implicados na ação de acolhimento (preventiva ou interventiva) funcionariam como ferramenta para promover a participação social e propiciar a convergência de múltiplos discursos, gerando interações mais horizontalizadas entre trabalhador de saúde/usuário.

Ao contar a si mesma as histórias antes não contadas, periféricas, a voz ouvida vira instrumento e recurso para a mudança. Na interação entre as pessoas, novas

Conversas criativas e abuso sexual

ideias e alternativas expandem e alteram as perspectivas, de modo que algumas histórias vão se modificando enquanto outras são conservadas. Conforme se dá voz às palavras, tanto as formas estáticas quanto os padrões descritivos desdobram-se em novos movimentos de produção corporais e linguísticos. Essa ação conjunta (Shotter, 1993) sensível e seletiva possibilita reagir e responder ao ambiente. Nas entrevistas, esse movimento contínuo e interativo fica explícito, provando que todas as mudanças são trocas conjuntas, sociais ou dialógicas em processo.

Como desenvolver, nas famílias, hábitos de conversação? É preciso mostrar que esse processo aumenta o potencial de cada um, pois resgata seus recursos relacionais disponibilizados para a ação. Porém, os novos sentidos nascidos da escuta das narrativas necessitam ser organizados. Por isso, sugere-se às universidades em conexão com as comunidades desenvolver pesquisas que invistam na presença e na permanência, instituindo espaços conversacionais. Urge construir metodologias conversacionais de intervenção breve de atendimento clínico com enfoque psicoterapêutico, a fim de mediar problemas e atender às necessidades desenvolvimentais de crianças e adolescentes.

Desse modo, o Estado deveria construir políticas públicas a fim de desenvolver tecnologias sociais para capacitar os profissionais com estratégias mais relacionais e conversacionais. Deveria, também, investir na criação de instrumentos potencializadores do trabalho específico com as mães, pois fica cada vez mais claro seu papel atuante nas histórias de abuso sexual vividas e reveladas por suas(seus) filhas(os). A escolha dessa díade tem amparo, pois a mãe, como vimos, é o centro do processo reflexivo e desencadeador das iniciativas de proteção. Sugere-se, portanto, a criação de ferramentas e/ou protocolos para intervenção psicossocial e psicoterapêutica mãe/filha(o).

Finalizo este livro enfatizando a importância dos relatos das mães e a percepção de que a maior parte delas só compreendeu a situação de abuso sexual vivida por elas porque *narrou* experiências semelhantes dos filhos. A pergunta instigante que se deixa aqui serve também de inspiração para estudos vindouros: será necessário que os filhos vivam episódios de abuso sexual para que as mães entendam a própria história? Ou podemos empreender espaços conversacionais em nossos atendimentos psicossociais que deem às mães, às crianças e aos adolescentes a oportunidade de construir narrativas libertadoras? Só assim as situações de abuso sexual serão mais bem dissolvidas no aqui-agora, não permitindo que as próximas gerações sejam contaminadas pelas influências transgeracionais.

REFERÊNCIAS

ANDERSON, H. "Then and now: from knowing to not-knowing". *Contemporary Family Therapy Journal*, v. 12, 1990, p. 193-98.

_____. *Conversação, linguagem e possibilidades: um enfoque pós-moderno da terapia*. São Paulo: Roca, 2010.

_____. "Uma perspectiva colaborativa sobre ensino e aprendizado: a criação de comunidades de aprendizado". *Nova Perspectiva Sistêmica*, v. 41, 2011, p. 35-53.

ANDERSON, H.; GOOLISHIAN, H. "Los sistemas humanos como sistemas lingüísticos: implicaciones para la teoría clínica y la terapia familiar". *Revista de Psicoterapia*, v. 2, n. 67, 1988, p. 41-72.

AZEVEDO, M. A.; GUERRA, V. N. A. (orgs.). *Crianças vitimizadas: a síndrome do pequeno poder*. São Paulo: Iglu, 1989.

BAKHTIN, M. *The dialogic imagination*. Austin: University of Texas Press, 1981.

_____. *Speech genres and other late essays*. Austin: University of Texas Press, 1986.

BAPTISTA, R. S. et al. "Caracterização do abuso sexual em crianças e adolescentes notificado em um programa Sentinela". *Revista Acta Paulista de Enfermagem*, v. 21, n. 4, 2008, p. 602-08.

BATESON, G. *Steps to an ecology of mind*. Nova York: Ballantine Books, 1972.

BOSCOLO, L.; BERTRANDO, P. *Los tiempos del tiempo: una nueva perspectiva para la consulta y la terapia sistémicas*. Barcelona: Paidós, 1996.

BRASIL. *Constituição da República Federativa do Brasil*. Brasília: Senado Federal, 1988. Disponível em: <http://www.planalto. gov.br/ccivil_03/constituicao/constituicao.htm>. Acesso em: 24 maio 2016.

_____. Ministério do Desenvolvimento Social e Combate à Fome. *Lei Orgânica de Assistência Social*. Brasília: MDS, 1993.

_____. Ministério do Desenvolvimento Social e Combate à Fome. Secretaria Nacional de Assistência Social. *Sistema Único de Assistência Social. Norma Operacional Básica (NOB/ Suas)*. Brasília: MDS, 2005.

_____. Ministério do Desenvolvimento Social e Combate à Fome. Conselho Nacional de Assistência Social. *Resolução n. 109, de 11 de novembro de 2009 – Aprova a Tipificação Nacional de Serviços Socioassistenciais*. Brasília: MDS, 2009.

_____. Secretaria de Direitos Humanos. Conselho Nacional dos Direitos da Criança e do Adolescente. *Plano Nacional de En-*

frentamento da Violência Sexual contra Crianças e Adolescentes. Brasília: SDH, 2013. Disponível em: <http://www.sdh.gov. br/assuntos/bibliotecavirtual/criancas-e-adolescentes/publicacoes-2013/pdfs/plano-nacional-de-enfrentamento- -da-violencia-sexual-contra-crianca-e-adolescentes>.

_____. Congresso Nacional. *Estatuto da Criança e do Adolescente.* Lei n. 8.069, de 13 de julho de 1990. Dispõe sobre o Estatuto da Criança e do Adolescente e dá outras providências. Brasília: Senado Federal, 1990.

BRUNER, J. "The narrative construction of reality". *Critical Inquiry,* v. 18, n. 1, 1991, p. 1-21.

_____. *Actual minds, possible worlds.* Cambridge: Harvard University Press, 1996.

BUTTON, D. M.; GEALT, R. "High risk among victims of sibling violence". *Journal of Family Violence,* v. 25, n. 2, 2010, p. 131-40.

CAFFARO, J. V.; CONN-CAFFARO, A. *Sibling abuse trauma: assessment and intervention strategies for children, families, and adults.* Nova York: Haworth Press, 1998.

CARRIJO, R.; RASERA, E. F. "Mudanças em psicologia de grupo: reflexão a partir da terapia narrativa". *Psicologia Clínica,* v. 22, n. 1, 2010, p. 125-40.

CHASE, S. E. "Narrative inquiry: still a field in the making". In: DENZIN, N. K.; LINCOLN, Y. S. (orgs.). *The Sage handbook of qualitative research.* Londres: Sage, 2011.

COHEN, C.; FIGARO, C. J. "Crimes relativos ao abuso sexual". In: COHEN, C.; SEGRE, M.; FERRAZ, F. C. (orgs.). *Saúde mental, crimes e justiça.* São Paulo: Edusp, 1996.

COSTA, J. S. *Terapia de família e seus significados: narrativas sobre as experiências dos clientes*. Tese (doutorado em Psicologia), Pontifícia Universidade Católica de Campinas, Campinas (SP), 2011.

COSTA, L. F. et al. "Família e abuso sexual: silêncio e sofrimento entre a denúncia e a intervenção terapêutica". *Arquivos Brasileiros de Psicologia*, v. 59, n. 2, 2007, p. 245-55.

_____. "Grupo multifamiliar: espaço para a escuta das famílias em situação de abuso sexual". *Psicologia em Estudo*, v. 14, n. 1, 2009, p. 21-30.

_____. "As relações familiares do adolescente ofensor sexual". *Psico USF*, v. 18, n. 1, 2013, p. 33-44.

DENZIN, N. K.; LINCOLN, Y. S. (orgs.). *The Sage handbook of qualitative research*. Londres: Sage, 2011.

DINIZ, G. R. S. "Conjugalidade e violência: reflexões sob uma ótica de gênero". In: FÉRES-CARNEIRO, T. (org.). *Casal e família: conjugalidade, parentalidade e psicoterapia*. São Paulo: Casa do Psicólogo, 2011.

ERIKSEN, S.; JENSEN, V. "A push or a punch: distinguishing the severity of sibling violence". *Journal of Interpersonal Violence*, v. 24, n. 1, 2009, p. 183-208.

ESBER, K. M. *Autores de violência sexual contra crianças e adolescentes*. Goiânia: Cânone, 2009.

ESTEVES DE VASCONCELLOS, M. J. *Pensamento sistêmico: o novo paradigma da ciência*. Campinas: Papirus, 2002.

FALEIROS, V. P. "Parar o abuso e desenvolver a proteção". In: COSTA, L. F.; LIMA, H. G. D. (orgs.). *Abuso sexual: a justiça interrompe a violência*. Brasília: Liber Livros, 2008.

Féres-Carneiro, T. (org.). *Família e casal: saúde, trabalho e modos de vinculação*. São Paulo: Casa do Psicólogo, 2007.

_____. *Casal e família: conjugalidade, parentalidade e psicoterapia*. São Paulo: Casa do Psicólogo, 2011.

Féres-Carneiro, T.; Ziviani, C.; Magalhães, A. S. "Arranjos amorosos contemporâneos: sexualidade, fidelidade e dinheiro na vivência da conjugalidade". In: Féres-Carneiro, T. (org.). *Casal e família: conjugalidade, parentalidade e psicoterapia*. São Paulo: Casa do Psicólogo, 2011.

Finkelhor, D.; Dziuba-Leatherman, J. "Victimization of children". *American Psychologist*, v. 49, n. 3, 1994, p. 173-83.

Flick, U. *Introdução à pesquisa qualitativa*. Porto Alegre: Artmed, 2009.

Fonseca, C. "Olhares antropológicos sobre a família contemporânea". In: Althoff, C. R.; Elsen, I.; Nitschke, R. G. (orgs.). *Pesquisando a família: olhares contemporâneos*. Florianópolis: Papa-livro, 2005.

Fruggeri, L. "O processo terapêutico como construção social da mudança". In: McNamee, S.; Gergen, J. K. (orgs.). *A terapia como construção social*. Porto Alegre: Artes Médicas, 1988, p. 51-65.

Furniss, T. *Abuso sexual da criança: uma abordagem multidisciplinar – Manejo, terapia e intervenção legal integrados*. Porto Alegre: Artes Médicas, 2002.

Gadamer, H. *Verdade e método*. Petrópolis: Vozes, 1999.

Gergen, K. J. "The social constructionist movement in modern psychology". *American Psychology*, v. 40, n. 3, 1985, p. 266-75.

_____. "La construcción social: emergencia y potencial". In: PAKMAN, M. (org.). *Construcciones de la experiencia humana*. Barcelona: Gedisa, 1996a.

_____. *Realidades y relaciones: aproximaciones a la construcción social*. Buenos Aires: Paidós, 1996b.

_____. *An invitation to social construction*. Londres: Sage, 1999.

_____. *El yo saturado: dilemas de identidad en el mundo contemporáneo*. Barcelona: Paidós, 2006a.

_____. "Understanding as relationship: cultural psychology in global context". In: STRAUB, J. et al. (orgs.). *Pursuit of meaning: advances in cross-cultural psychology*. Bielefeld: Transcript, 2006b.

_____. *Construir la realidad: el futuro de la psicoterapia*. Barcelona: Paidós, 2010.

GERGEN, K. J.; GERGEN, M. *Construcionismo social: um convite ao diálogo*. Rio de Janeiro: Instituto Noos, 2010.

GERGEN, K.; MCNAMEE, S. "Do discurso da desordem ao diálogo transformador". *Nova Perspectiva Sistêmica*, v. 38, 2010, p. 47-62.

GIDDENS, A. *O mundo em descontrole: o que a globalização está fazendo de nós*. Rio de Janeiro: Record, 2005.

GOOLISHIAN, H.; ANDERSON, H. "Human systems as linguistic systems: preliminary and evolving ideas about the implications for clinical theory". *Family Process*, v. 27, n. 4, 1993, p. 371-93.

_____. "Narrativa e self: alguns dilemas pós-modernos da psicoterapia". In: SCHNITMAN, D. F. (org.). *Novos paradigmas, cultura e subjetividade*. Porto Alegre: Artes Médicas, 1996, (p. 191-99).

GRANDESSO, M. A. "Terapias pós-modernas: um panorama". *Sistemas Familiares*, v. 18, n. 3, 2002, p. 19-27.

_____. "Desenvolvimento em terapia familiar: das teorias às práticas e das práticas às teorias". In: OSÓRIO, L. C.; VALLE, M. P. (orgs.). *Manual de terapia familiar*. Porto Alegre: Artmed, 2008, p. 104-18.

_____. "'Dizendo olá novamente': a presença de Michael White". *Revista Brasileira de Terapia Familiar*, v. 1, n. 1, 2011, p. 65-78.

GRZYBOWSKI, L. S. *Parentalidade em tempos de mudanças: desvelando o envolvimento parental após o fim do casamento*. Tese (doutorado em Psicologia), Pontifícia Universidade Católica do Rio Grande do Sul, Porto Alegre (RS). Disponível em: <http://tede.pucrs.br/tde_busca/arquivo.php?codArquivo=839>. Acesso em: 20 maio 2016.

HABERMAS, J. *Conhecimento e interesse*. Rio de Janeiro: Zahar, 1982.

_____. *Dialética e hermenêutica*. Porto Alegre: L&PM, 1987.

HABIGZANG, L. F.; CAMINHA, R. M. *Abuso sexual contra crianças e adolescentes: conceituação e intervenção clínica*. São Paulo: Casa do Psicólogo, 2004.

HABIGZANG, L. F.; KOLLER, S. H. *Intervenção psicológica para crianças e adolescentes vítimas de violência sexual: manual de capacitação*. São Paulo: Casa do Psicólogo, 2012.

HABIGZANG, L. F. et al. "Abuso sexual e dinâmica familiar: aspectos observados em processos jurídicos". *Psicologia: Teoria e Pesquisa*, v. 21, n. 3, 2005, p. 341-48.

_____. "Grupoterapia cognitivo-comportamental para crianças e adolescentes vítimas de abuso sexual". *Revista de Saúde Pública*, v. 43, 2009, p. 70-8.

_____. (orgs.). *Violência contra crianças e adolescentes: teoria, pesquisa e prática*. Porto Alegre: Artmed, 2012.

HERSHKOWITZ, I.; LANES, O.; LAMB, M. E. "Exploring the disclosure of child sexual abuse with alleged victims and their parents". *Child Abuse & Neglect*, v. 31, n. 2, 2007, p. 111-23.

HOFFMAN, L. *Foundations of family therapy*. Nova York: Basic Books, 1981.

JABLONSKI, B. "O país do casamento segundo seus futuros habitantes: pesquisando atitudes e expectativa de jovens solteiros". In: FÉRES-CARNEIRO, T. (org.). *Casal e família: conjugalidade, parentalidade e psicoterapia*. São Paulo: Casa do Psicólogo, 2011.

KAMSLER, A. "La formación de la imagen de sí misma: terapia con mujeres que sufrieron abuso durante la infancia". In: DURRANT, M.; WHITE, C. (orgs.). *Terapia del abuso sexual*. Barcelona: Gedisa, 2006.

MANIGLIO, R. "The impact of child sexual abuse on health: a systematic review of reviews". *Clinical Psychology Review*, v. 29, n. 7, 2009, p. 647-57.

MARRA, M. M. "El construccionismo social como abordaje teórico para la comprensión del abuso sexual". *Revista de Psicologia*, v. 32, n. 2, 2015a, p. 219-42.

_____. *Do espaço privado para o público: construções narrativas com famílias em situação de abuso sexual*. Tese (doutorado em Psi-

Conversas criativas e abuso sexual

cologia Clínica e Cultura), Universidade de Brasília (DF), 2015b. Disponível em: <http://repositorio.unb.br/bitstream/10482/19763/1/2015_MarleneMagnaboscoMarra.pdf>. Acesso em: 18 maio 2016.

MARRA, M. M.; OMER, H.; COSTA, L. F. "Cuidado vigilante: diálogo construtivo e responsabilidade relacional em contexto de violência familiar". *Nova Perspectiva Sistêmica*, v. XXIII, 2015, p. 77-91.

MATURANA, H. R. *Ontologia da realidade*. Belo Horizonte: Ed. UFMG, 1997.

_____. *Cognição, ciência e vida cotidiana*. Belo Horizonte: Ed. UFMG, 2001.

_____. *Emoções e linguagem na educação e na política*. Belo Horizonte: Ed. UFMG, 2009.

MCNAMEE, S.; GERGEN, J. K. (orgs.). *A terapia como construção social*. Porto Alegre: Artes Médicas, 1998.

MINAYO, M. C. S. *O desafio do conhecimento: pesquisa qualitativa em saúde*. São Paulo: Hucitec, 2010.

MINUCHIN, P.; COLAPINTO, J.; MINUCHIN, S. *Pobreza, institución, familia*. Buenos Aires: Amorrortu, 2000.

MINUCHIN, S.; FISHMAN, C. H. *Técnicas de terapia familiar*. Porto Alegre: Artes Médicas, 1990.

MIOTO, R. C. T. "Novas propostas e velhos princípios: a assistência às famílias no contexto de programas de orientação e apoio sociofamiliar". In: SALES, M. A.; MATOS, M. C. de; LEAL, M. C. (orgs.). *Política social, família e juventude – Uma questão de direitos*. 3. ed. São Paulo: Cortez, 2008.

NICHOLS, M. P.; SCHWARTZ, R. C. *Terapia familiar: conceitos e métodos*. 4. ed. Porto Alegre: Artmed, 2007.

OMER, H. *The new authority: family, school and community*. Nova York: Cambridge University Press, 2011.

OMER, H.; SCHORR-SAPIRB, I.; WEINBLATT. U. "Non-violent resistance and violence against siblings: The Association for Family Therapy". *Journal of Family Therapy*, v. 30, 2008, p. 450-64.

ORGANIZAÇÃO DAS NAÇÕES UNIDAS. *Declaração dos Direitos da Criança*. 1959. Disponível em: <http://www.direitoshumanos.usp.br/index.php/Crian%C3%A7a/declaracao-dos-direitos-da-crianca.html>. Acesso em: 24 maio 2016.

PALMER, E. R. *Hermenêutica*. Lisboa: Edições 70, 2011.

PEDERSEN, J. R.; GROSSI, P. K. "O abuso sexual intrafamiliar e a violência estrutural". In: AZAMBUJA, M. R. F.; FERREIRA, M. H. M. (orgs.). *Violência sexual contra crianças e adolescentes*. Porto Alegre: Artmed, 2011.

PELISOLI, C. L.; DELL'AGLIO, D. D. "Do segredo à possibilidade de reparação: um estudo de caso sobre relacionamentos familiares no abuso sexual". *Contextos Clínicos*, v. 1, n. 2, 2008, p. 49-60.

PELISOLI, C. L. et al. "Violência sexual contra crianças e adolescentes: dados de um serviço de referência". *Temas em Psicologia*, v. 18, n.1, p. 85-97.

PENSO, M. A. et al. *Jovens pedem socorro: o adolescente que praticou ato infracional e o adolescente que cometeu ofensa sexual*. Brasília: Liber, 2011.

PENSO, M. A.; COSTA, L. F. "O abuso sexual infantil e transgeracionalidade". In: PENSO, M. A.; COSTA, L. F. (orgs.). A *transmissão geracional em diferentes contextos: da pesquisa à intervenção*. São Paulo: Summus, 2008.

PEREIRA-PEREIRA, P. A. "Mudanças estruturais, política social e papel da família: crítica ao pluralismo de bem-estar". In: SALES, M. A.; MATOS, M. C.; LEAL, M. C. de (orgs.). *Política social, família e juventude: uma questão de direitos*. 3. ed. São Paulo: Cortez, 2008.

PINHO, A. R. I. *O atendimento a famílias em situação de abuso sexual: um estudo exploratório*. Tese (mestrado em Psicologia Clínica e Cultura), Universidade de Brasília (DF), 2012. Disponível em: <http://repositorio.unb.br/bitstream/10482/12952/1/2012_AlineRoseInacioPinho.pdf>. Acesso em: 18 maio 2016.

PORTO, M. S. G. *Sociologia da violência: do conceito às representações sociais*. Brasília: Francis, 2010.

PRACIANO, M. S. G. *Gênero e transgeracionalidade: um olhar sobre a condição feminina e as relações familiares de mulheres de baixa renda de Manaus*. Tese (doutorado em Psicologia Clínica e Cultura), Universidade de Brasília (DF), 2011. Disponível em: <http://repositorio.unb.br/bitstream/10482/10969/1/2011_MariadoSocorroGadelhaPraciano.pdf>. Acesso em: 19 maio 2016.

RASERA, F. E.; JAPUR, M. "Os sentidos da construção social: o convite construcionista para a psicologia". *Paideia*, v. 15, n. 30, 2005, p. 21-29.

_____. "Sobre a preparação e a composição em terapia de grupo: descrições construcionistas sociais". *Psicologia: Reflexão & Crítica*, v. 19, n. 1, 2006, p. 131-41.

_____. *Grupo como construção social: aproximação entre construcionismo social e terapia de grupo.* São Paulo: Vetor, 2007.

RELVA, I. C.; FERNANDES, O. M.; ALARCÃO, M. "Violência entre irmãos: uma realidade desconhecida". *Revista Interamericana de Psicología/Interamerican Journal of Psychology*, v. 46, n. 3, 2012, p. 205-14.

SAFFIOTI, H. I. B. "No fio da navalha: violência contra crianças e adolescentes no Brasil atual". In: MADEIRA, F. R. (org.). *Quem mandou nascer mulher?* Rio de Janeiro: Rosa dos Tempos, 1997, p. 135-211.

SANDERSON, C. *Abuso sexual em crianças.* São Paulo: M. Books, 2005.

SANTOS, S. S. *Uma análise do contexto de revelação e notificação do abuso sexual: a percepção de mães e de adolescentes vítimas.* Tese (doutorado em Psicologia), Universidade Federal do Rio Grande do Sul, Porto Alegre (RS). Disponível em: <http://www.lume.ufrgs.br/bitstream/handle/10183/35028/000794224.pdf?sequence=1>. Acesso em: 24 maio 2016.

SANTOS, S. S.; DELL'AGLIO, D. D. "Revelação do abuso sexual infantil: reações maternas". *Psicologia: Teoria e Pesquisa*, v. 25, n. 1, 2009, p. 85-92.

_____. "Quando o silêncio é rompido: o processo de revelação e notificação de abuso sexual". *Psicologia & Sociedade*, v. 22, n. 2, 2010, p. 328-35.

Santos, S. S.; Pelisoli, C.; Dell'Aglio, D. D. "Desvendando segredos, padrões e dinâmicas familiares no abuso sexual". In: Habigzang, L. F.; Koller, S. H. (orgs.). *Violência contra crianças e adolescentes: teoria, pesquisa e prática*. Porto Alegre: Artmed, 2012.

Secretaria de Direitos Humanos da Presidência da República. *Mapeamento dos pontos vulneráveis à exploração sexual de crianças e adolescentes nas rodovias federais brasileiras*. 2012. Disponível em: <http://www.namaocerta.org.br/pdf/Mapeamento2011_2012.pdf>. Acesso em: 18 maio 2016.

Serafim, A. P. *et al.* "Dados demográficos, psicológicos e comportamentais de crianças e adolescentes vítimas de abuso sexual". *Revista de Psiquiatria Clínica*, v. 38, n. 4, 2011, p. 143-47.

Shotter, J. *Conversational realities*. Londres: Sage, 1993.

Sluzki, C. A. *A rede social na prática sistêmica: alternativas terapêuticas*. São Paulo: Casa do Psicólogo, 1997.

Spink, M. J.; Frezza, R. M. "Práticas discursivas e produção de sentidos: a perspectiva da psicologia social". In: Spink, M. J. (org.). *Práticas discursivas e produção de sentidos no cotidiano: aproximações teóricas e metodológicas*. São Paulo: Cortez, 1999, p. 17-39.

Unicef. *Situação mundial da infância 2012: crianças em um mundo urbano*. 2012a. Brasília: Unicef, 2012. Disponível em: <http://www.unicef.org/brazil/pt/PT-BR_SOWC_2012.pdf>. Acesso em: 18 maio 2016.

_____. *Together for girls: sexual violence fact sheet*. Nova York: Unicef, 2012b. Disponível em: <http://www.unicef.org/protection/files/Together_for_Girls_Sexual_Violence_Fact_Sheet_July_2012.pdf>.

WHITE, M. *Reescribir la vida: entrevistas y ensayos*. Barcelona: Gedisa, 2002.

_____. *Mapas da prática narrativa*. Porto Alegre: Pacartes, 2012.

WHITE, M.; EPSTON, D. *Medios narrativos para fines terapéuticos*. Barcelona: Paidós, 1993.

AGRADECIMENTOS

"[...] no ponto imóvel começa a dança" (T. S. Elliot)

Agradeço a todos os adolescentes, crianças e mães que participaram da pesquisa e me permitiram estudar e me aprimorar. Minha gratidão por confiarem em mim e por compartilharem comigo aspectos tão íntimos de suas experiências de vida. Desejo que encontrem paz e serenidade para seguir seu desenvolvimento com propostas alternativas de vida – e que eu possa devolver a essas e a outras crianças tudo que aprendi.

www.gruposummus.com.br

IMPRESSO NA
sumago gráfica editorial ltda
rua itauna, 789   vila maria
02111-031   são paulo   sp
tel e fax 11 **2955 5636**
sumago@sumago.com.br

GRÁFICA